유 · 초등 교사를 위한 교실영어

Classroom English for Teachers

이경우 · 이인용 · Craig C. Merrill · K. M. Dempsey 지음

창지사

저자의 말

인사 드립니다

우리는 오랜 세월 동안 영어를 배워왔습니다. 우리가 사는 영어교육 환경은 외국어로서 영어(EFL: English as a Foreign Language)교육 환경이기에 영어는 학교에서 배우지만 집에서나 사회에서는 사용하지 않습니다. 따라서 우리는 영어만을 사용하는 환경(EO: English Only)이나 제2언어로서 영어(ESL: English as Second Language)교육 환경에서보다는 간략하되 정확하며 고급 표현의 영어를 사용해야 한다고 생각합니다. 우리가 어린이를 가르치는 입장에 있을 때는 더욱 그러합니다.

우리나라 영어교육을 걱정하는 모임으로 시작된 한국어린이미디어교육연구소의 전문가들은 우리나라의 EFL 환경에 맞으면서 발달에 적합한 영어교육을 위해 이중언어교육 프로그램을 개발하고, 이중언어교육 전문가에 의한 교사교육을 진행하고 있습니다. 그러던 중 우리는 '쉬운 영어' 를 가르쳐 주는 곳이나 커리큘럼이 없는 것을 발견했습니다. 그것이 바로 교실에서 사용하는 영어, Classroom English이기에 이것을 연구하고 또 대학의 교육과정으로 개설해서 궁극적으로 그 이익이 어린이에게 돌아가게 하는 노력을 하고 있습니다. 그리고 현직 교사들에게도 혜택을 드릴 수 있는 방안으로 그동안 교실영어에 대한 내용을 구성하고 교사교육에 사용했던 것을 아주 독특하게 한군데 모아 보았습니다.

이 책은 '유아영어교육의 이론과 실제' 의 부록으로 수록되어 있던 교실 영어를 하나의 학과목으로 전개할 수 있도록 수정 · 보완한 것입니다. 본 교재는 유아 및 어린이들에게 영어를 가르치는 교사들의 필독서로, 한 학기 총 14장으로 구성된 내용을 통해 충분히 필요한 언어능력과 수업 기술을 익히는 지침서가 될 것입니다. 개인적으로 좀 더 장기적이고 반복적인 청취를 원하는 학생들을 위해서 KTEFL(www.ktefl.co.kr)에서 제공하는 원어민 동영상 강의를 수강할 수 있습니다. 또한 MP3 파일을 첨부해 언제 어디서든 활용할 수 있도록 제공하고 있어, 본 교재에 수록된 내용을 자기 언어목록으로 기억할 수 있을 것입니다.

이 책은 유 · 초등 교실에서 사용할 수 있는 교실에서의 지시문을 담도록 하였습니다. 어린이들은 듣고 행동하며 궁극적으로는 이로 인해 EFL 환경에서 Cummins가 말하는 어린이들의 기본적 대인관계 의사소통 기술(BICS: Basic Interpersonal Communication Skills) 즉 생활영어에 능숙해질 수 있을 것입니다. 그리고 잘못 사용되는 표현이나 단어에 대해서도 묶어 놓아 고급영어를 하는데 거침돌이 없도록 해보았습니다.

이 책을 기획하고 교사교육에 적용한 후 수정하고 편집 · 수정을 한 여러분들께 감사드립니다. 여러 차례의 원고 수정 작업에 정성을 다하여 각각의 전문성을 발휘해 준 정경진, 이윤희, 박영림 선생님께 감사의 인사를 전합니다. 특별히 KTEFL의 동영상 강좌에서 재미있는 강의를 이끌어 주신 아이작 더스트 선생님께 감사드립니다.

현장에서 꼭 필요한 자료수집에서 출판에 이르기까지 3년에 걸친 긴 작업은 우리나라 유아영어를 이끌어가고자 하는 사람들에게 내려주신 하나님의 축복으로 마무리 될 수 있는 작업이었습니다. 앞으로도 겸허한 마음으로 우리나라 어린이와 교사를 위한 이중언어교육 연구에 정진하여 공헌할 수 있기를 기도합니다.

2010년 9월

이경우, 이인용, Craig C. Merrill, K. M. Dempsey

Contents

Chapter 12 Feelings · 157

Unit 4 | Special Days · 171

Chapter 13 Special Days Ⅰ · 173

Chapter 14 Special Days Ⅱ · 187

Unit 1 Everyday Routines

이번 Unit에서는 기관 혹은 학교에서 일상적인 하루 일과를 지도하면서 꼭 필요한 표현을 중심으로 알아봅니다. 일과를 시작하고 마치기, 활동을 시작하기, 데일리루틴, 점심과 간식, 화장실 사용하기 등과 같은 상황에 맞는 표현을 알아봅니다.

Chapter 1 Beginning/Ending the Day

1. Beginning the Day
2. Getting Ready
3. Ending the Day

Vocabulary Corner : Entrance & Cubbies

Common Mistakes : /f/ & /v/ Sounds

Think About It : Entrance Poster

chapter 01

Beginning/Ending the Day

Key Expressions

I'm so happy to see you.
You look nice.
What happened to your face?
Did you have a good weekend?
Take off your shoes.
Hang up your coat.
I am going to call your names.
Who is missing?
Let's see who is ready to go home.
Let's get on the bus.
You are going to take bus number one.
Fasten your seatbelt.
Talk quietly on the bus.
It's time to go.

01 Beginning the Day

어린이가 등원하면서 교사와 함께 나누는 첫 인사는 좋은 기분으로 하루를 시작할 수 있게 할 뿐만 아니라, 아이들의 그날 그날의 상태를 살펴볼 수 있게 하는 좋은 시간이 된다. 일상적인 인사표현, 날씨와 관련된 인사, 개별 어린이의 모습 혹은 건강, 정서 상태와 관련된 인사, 주말이나 휴가가 지난 후의 인사로 나누어서 살펴본다. 수업을 시작하기에 앞서 출석을 체크하면서 인사를 나눌 수 있다.

1) 만났을 때 인사

Hi!	안녕하세요!
Good morning.	좋은 아침이에요.
I'm so happy to see you.	여러분 만나서 반가워요.
I'm glad to see you, too.	나도 여러분을 만나서 반가워요.
How are you today?*	오늘 기분이 어때요?

* 유사한 표현으로 "How are you doing?", "How is it going?"을 활용한다.

2) 날씨와 관련된 인사

It's very cold* outside.	바깥 날씨가 정말 춥네요.
Aren't you cold/hot?	춥지/덥지 않나요?
Look at your hands**. They are frozen.	손을 봐요. 손이 얼었네요.
You are sweating.	땀을 흘리고 있네요.

* 기온에 따라 cold, warm, hot을 응용한다.
** 신체 부위에 따라 feet, hair, ears를 응용한다.

3) 개별 아동의 모습과 관련된 인사

You look nice* today.	오늘 네가 멋져 보이는구나.
I like your dress**.	원피스가 정말 예쁘구나.
What a nice shirt!	셔츠가 너무 멋져 보이네!
How nice/wonderful!	멋있다!

* 유사한 표현으로 cool, great를 활용한다.
** 옷의 종류에 따라 coat, jacket, shoes, hat, hairpin(s), headband를 응용한다.

4) 아이가 늦거나 아파 보이는 경우

You are late. Are you OK?	오늘 늦었네요. 괜찮아요?
What happened to your face?	얼굴이 왜 그래요?
Why are you crying?	왜 울고 있어요?
What's wrong?	무슨 문제가 있어요?
Do you feel better today?	기분이 좀 나아졌어요?

5) 주말 지내고 온 경우

Did you have a good weekend?	즐거운 주말 보냈어요?
How was your weekend?	주말 어땠어요?
Where did you go?	어디에 갔었어요?
What did you do?	그곳에서 무엇을 했어요?
What did you do over the weekend?	주말에 무엇을 했어요?
Did you have fun?	재미있었어요?
Do you have something to share?	얘기해 주고 싶은 것이 있나요?

6) 출석체크하기

I'm going to call your names.	이름을 부르겠어요.
I'm going to take roll.	출석을 부르겠어요.
Is everyone here?	모두 왔어요?
Who is missing* today?	누가 결석 했어요?
Where is Minji?	민지 어디 있어요?
What happened to Minji?	민지에게 무슨 일이 생겼어요?
What's the matter** with Minji?	민지에게 무슨 일 있어요?
Is he/she going to come?	~가 온 거예요?

Is he/she sick?	~가 아파요?
Did he/she go somewhere?	~가 어디 갔어요?
Did he/she go to grandma's house?	~가 할머니 집에 갔나요?
He/She is going to come late.	~는 늦게 올 거예요.
His/Her mommy is going to bring him/her.	엄마가 ~를 데리고 올 거예요.

* 유사한 표현으로 absent, not here, away를 활용한다.

** 유사한 표현으로 wrong을 활용한다.

02 Getting Ready

등원 후에는 교사는 신발 정리하기, 옷과 개인 소지품 정리하기를 도와주며, 각 가정으로부터 전달사항에 대한 메모 혹은 개인 의약품 등을 전달받는다. 개인 주변을 정리하는 방법은 기관마다 차이가 있으므로 필요한 표현을 골라 적절히 사용하는 것이 좋다.

1) 신발 정리하기

Take off your shoes*.	신발을 벗어요.
Put your sneakers on.	운동화로 바꿔 신어요.
Put your shoes on the shelf**.	신발을 선반 위에 놓아요.
Put your shoes in the shoe cabinet.	신발을 신발장에 넣어요.
Put them in neatly.	신발을 바르게 놓아요.

* 일반적으로 신발을 shoes라고 표현하지만 종류에 따라 trainers, sandals, boots로 구체화 시켜 표현한다.

** 신발을 놓는 선반(shelf)과 열고 닫는 신발장(shoe cabinet)은 구분한다.

2) 옷과 개인 소지품 정리하기

Take off your coat*.	코트를 벗어요.
Hang up your backpack.	가방을 걸어 놓아요.
Put your cup on the table.	컵을 테이블에 놓아요.
Your coat is still on the floor.	코트가 아직도 바닥에 있네요.
Pick it up and hang it on the hanger.	집어서 옷걸이에 걸어 놓아요.

* 옷의 종류에 따라 jacket, hat, mittens, muffler를 응용한다.

3) 메모 등 전달하기

If you have any notes from your mom or dad, give them to me.	엄마/아빠가 주신 메모가 있으면, 선생님한테 주세요.
Turn in your library books.	도서관 책들을 반납해요.
Give me any medicine you may have brought.	가져온 약이 있으면 주세요.
Put your homework here*.	숙제를 여기에 놓아요.

* 위치에 따라 here, there, on the table, in the box를 응용한다.

03 Ending the Day

하루의 일과를 마치면서 교사는 전달사항을 전하고 개인 소지품을 챙기게 하며 귀가지도와 함께 필요한 경우 차량 안전지도를 한다.

1) 전달사항 전하기

Let's see who is ready to go home.	누가 집에 갈 준비가 되었는지 봅시다.
Minji is ready to go home.	민지가 집에 갈 준비가 되었네요.
I put a parent letter in your backpack.	선생님이 가정통신문을 가방에 넣어 놓았어요.
Show it to your mom.	엄마한테 가정통신문을 보여주세요.
Tomorrow, we are going to go on a field trip.	내일 현장학습을 갈 거예요.
Don't forget your lunch and snack.	음식과 간식 가져오는 걸 잊지 마세요.
It's getting cold. Please bring your mittens and muffler.	날씨가 점점 추워지네요. 장갑과 목도리를 가져오세요.

2) 개인 소지품 챙기기

Whose coat is this?	누구의 코트인가요?
Put your coat on.	코트를 입어요.
Can you put it on yourself?	혼자 코트를 입을 수 있어요?
Can you button it up* yourself?	혼자 버튼을 채울 수 있어요?
Get your backpack.	가방을 챙겨요.

* 지퍼로 잠글 경우 zip it up으로 표현한다.

3) 하원지도

It's time to go.	가야 할 시간이에요.
Is your mom picking you up today?	오늘 엄마가 데리러 오나요?
You are going to take bus number one.	1호차 버스를 탈 거예요.
Follow your teacher.	선생님을 따라가요.

Make a line.	줄을 서요.
Stay in a/the line.	줄 안에 있으세요.

4) 귀가 인사하기

Have a good* weekend.	좋은 주말 보내요.
Good-bye!	안녕!
See you tomorrow.	내일 봐요.

* 유사한 표현으로 nice, great를 활용한다.

5) 차량 타고 내리기

Let's get on the bus.	버스에 타자.
Let's get in the van.	승합차에 타자.
Let's get off the bus.	버스에서 내리자.
Watch your step.	발밑을 조심해요.

6) 차량안전지도

Minji, can you sit over here?	민지, 여기에 앉을래요?
Minji, put your seatbelt on.	민지, 안전벨트를 매요.
Fasten* your seatbelt.	안전벨트를 매요.
Put your feet down.	발을 내려 놓아요.
We do not play on the bus /in the van.	버스/승합차 안에서 놀지 않아요.
Don't stick your hands** out the window.	손을 창문 밖으로 내밀지 말아요.
Talk quietly on the bus.	버스에서 조용히 얘기해요.

Don't make too much noise. 떠들지 마요.

* 반대어로 unfasten을 활용한다.

** 신체 부위에 따라 head, arms 등을 응용한다.

Vocabulary Corner | Entrance & Cubbies

1. Entrance

- gate/front gate (정문/게이트)
- porch/entrance/front door (현관 입구)
- entrance hall/front hall/entryway (현관 홀)
- fence (울타리), deck (목재 테라스)
- welcome mat (매트)
- shoe cabinet (신발장)
- shoe rack (신발걸이)
- slippers (슬리퍼)
- glass door (유리문), sliding door (미닫이문), metal door (철문), wooden door (나무문)

2. Cubbies

- cubby/cubbies (사물함)
- shelf/shelves (선반)
- hook (걸이), hanger (옷걸이), hat hook (모자 걸이), rod (가로 막대기)
- backpack (배낭/가방), portfolio (포트폴리오), lunchbox (도시락)

Common Mistakes | /f/ & /v/ Sounds

/f/ 와 /v/ sound는 한국어 발음에 존재하지 않는 발음으로 단어 속에서 혹은 문장 속에서 발음에 어려움을 겪는다. /f/ sound는 영어의 /p/ 혹은 한국어의 /ㅍ/ 발음으로 잘못 발성되거나, /v/ sound는 영어의 /b/ 혹은 한국어의 /ㅂ/발음으로 잘못 발성되기 쉽다.

/f/ sound는 무성 순치 마찰음으로 발성할 때 성대가 울리지 않고, 윗니와 아랫입술을 움직여 소리를 내며, 조음기관의 공기의 흐름을 유지하다가 마찰을 하며 강하게 소리를 낸다. 발음방법은 윗니를 아랫입술 앞쪽에 가볍게 대고 윗니와 아랫입술 사이로 공기를 내뿜으면서 성대를 울리지 않고 소리를 낸다. 다음의 단어로 /f/ sound를 연습해 보자.

face fin fun

find feel

/v/ sound는 유성 순치 마찰음으로 발성할 때 성대를 울리고, /f/ sound와 마찬가지로 윗니와 아랫입술을 움직여 소리를 내며, 조음기관의 공기의 흐름을 유지하다가 마찰을 하며 강하게 소리를 낸다. 발음방법은 윗니를 아랫입술 앞쪽에 가볍게 대고 윗니와 아랫입술 사이로 공기를 내뿜으면서 성대를 울리며 소리를 낸다. /f/ sound와 같은 방법으로 소리를 내되 성대를 울리는 차이가 있다. 다음의 단어로 /v/ sound를 연습해 보자.

van very valley

volcano love

아래의 문장 속에서 /f/ 와 /v/ sound를 연습해 보자.

I feel very happy.

I like fans very much.

Think About It | Entrance Poster

등원하면서 하는 첫 인사, 신발 정리, 옷 정리 등 매일의 일과에서 활용되는 것을 포스터로 만들어 놓고 사용하도록 한다. 아래의 포스터는 현관 입구에서 등원하는 어린이를 맞을 때 사용할 수 있는 표현들이다.

Good morning.
Come in.
Take off your shoes.
Good job.
Take your shoes with you.
Go to your class.
Good job walking.
Have a nice day.

다음의 포스터는 교실 입구에 붙여 놓고 활용할 수 있다. 옷의 종류에 따라 "Take off your coat."는 jacket, hat, mittens, muffler 등으로 변화를 줄 수 있다.

Good morning.
Put your shoes away.
Take off your coat.
Hang up your backpack.
Good job.
Find your seat.
Sit down.

Chapter 2 Getting Started

1. Getting Ready for the Lesson
2. Beginning/Ending the Lesson
3. Break Time and Transition

Vocabulary Corner: Colors & Patterns

Common Mistakes: /p/ & /b/ Sounds

Sing Along: “Open Shut Them”

chapter 02 Getting Started

Key Expressions

Sit on the carpet.
Put your hands down.
Could you move back a little?
Look at me.
I'm waiting for you to be quiet.
It's time to start now.
Now, we're going to sing a song.
Are you done?
Put the blocks away.
Throw the trash away.
Let's take a break.
Line up.
Don't run. Walk slowly.

01 Getting Ready for the Lesson

수업을 시작하기 전에 아이들을 자리에 앉히고, 필요에 따라 자리를 이동시키거나, 주의집중이 필요한 경우들이 있다. 교사는 주의집중을 위해 어조와 억양, 목소리의 크기 등 비언어적인 요소를 적절히 사용한다. 또 1-5, 1-10까지의 숫자를 거꾸로 세는 것이나 특정한 노래를 활용하는 것도 한 가지 방법이다.

1) 자리에 앉히기

Everyone, come and sit down.	모두 자리에 앉아요.
Sit nicely.	바르게 앉아요.
Sit up straight.	똑바로 앉아요.
Sit on the carpet*.	카펫 위에 앉아요.
Stay on your spot.	자기 자리에 앉아 있어요.
Let's make a circle.	원을 만드세요.
Put your hands down.	손을 아래에 놓아요.
Fold your hands and put them in your lap.	손을 깍지 껴서 무릎에 놓아요.
Keep your hands to yourself.	만지지 말아요.

* 앉는 장소와 방법에 따라 on the rug, on the chair, on your spot, in a circle로 응용한다.

2) 자리 옮기기

Move over here*.	여기로 오세요.
Trade places**.	서로 자리를 바꿔요.
Could you move your chair this*** way?	의자를 이쪽 방향으로 옮길래요?
Could you move back**** a little?	조금 뒤로 갈래요?
Sit next to***** Emma.	옆에 앉아요.
Push your chair to the back.	의자를 뒤로 밀어요.

* 옮기는 위치에 따라 that으로 표현을 바꾼다.
** 동일한 표현으로 "Change your seats."를 쓸 수 있다.
*** 사물의 위치에 따라 that으로 표현한다.
**** 방향에 따라 forward로 표현한다.
***** 앉을 위치에 따라서 behind(뒤), in front of(앞) 중 적절하게 표현한다.

3) 주의집중하기

Who is sitting nicely?	바르게 앉아 있는 사람이 누구죠?
I'm waiting for you to be quiet.	조용히 할 때까지 기다릴 거예요.
Who is talking?	이야기하는 사람이 누구죠?
Soft voice, please.	부드럽게 얘기해 봐요.
It's time to listen.	지금은 들어야 할 시간이에요.
It's Minji's turn to talk.	지금은 민지가 말할 차례예요.
Let's see who is ready to listen to a song*.	누가 노래를 들을 준비가 되었나요.
Look over here**.	여기를 봐요.
Look at me.	나를 봐요.
Keep your eyes and ears open.	집중해서 보고 들으세요.
Look and listen carefully.	주의해서 보고 들으세요.

* 다음에 올 행동의 종류에 따라서 go, sing a song, listen to the story, play a game 등 적절한 표현을 활용한다.

** 바라보는 위치에 따라 there으로 응용한다.

4) 조용히 시킬 때

Quiet*.	조용히 해요.
Keep silent.	소리내지 말아요.
Stop talking.	그만 말해요.
No more talking.	더 이상 말하지 말아요.
Don't talk**.	말하지 말아요.
I'm not finished yet.	아직 끝나지 않았어요.
Let me talk, please.	선생님이 이야기하겠어요.
Please be quiet when I'm talking.	선생님이 얘기할 때는 조용히 해요.

I won't start until everyone is quiet.	모든 사람이 조용히 할 때 시작할 거예요.

* 앞에 Be 동사를 붙여서 "Be quiet."로 동일한 표현을 할 수 있다.
** 유사한 의미로 speak, say a thing, say a word, make a noise로 활용한다.

02 Beginning/ Ending the Lesson

자리 정돈을 마치고 수업을 시작할 때, 어린이들이 활동할 준비가 되어 있는지 확인할 때 사용할 수 있는 표현이다. 20~30분간의 한 활동이 끝난 후, 어린이들에게 정리할 마음의 준비를 할 수 있게 해주기 위해, 아래와 같은 표현을 사용하여 활동을 마무리한다.

1) 시작할 때

Are you ready now?	준비 되었어요?
Is everybody ready to start?	모두들 시작할 준비가 되었어요?
It's time to start now.	이제 시작할 시간이예요.
Let's start our lesson.	수업을 시작합시다.
Let's get started.	시작합시다.
Now, we're going to read a book*.	이제 우리는 책을 읽을 거예요.

* 활동 종류에 따라 sing a song, cook something, make something, play a game, watch the story on the Internet 등 후속될 활동을 넣어 활용한다.

2) 수업을 마칠 때

Are you (almost) finished?	(거의) 끝났어요?

Is everybody finished?	모두들 끝났어요?
Time's up.	시간이 다 되었어요.
It's time to stop now.	지금 끝날 시간이에요.
Hurry up!	서두르세요!
Do you need more time?	시간이 더 필요해요?
You can finish it tomorrow.	내일 끝낼 수 있어요.
You don't need to rush.	서두를 필요 없어요.
Give me your worksheet.	활동지를 주세요.
We finished a little early.	조금 일찍 끝났어요.
You have five minutes to play.	놀 수 있는 시간이 5분 있어요.
You can play for five minutes*.	5분 동안 놀 수 있어요.
You can go to a center.	영역활동에 갈 수 있어요.

3) 정리하기

Can you clean up the table?	테이블을 정리할 수 있어요?
Who can help me to clean up?	누가 정리하는 거 도와줄 수 있어요?
Put the blocks* away.	블록을 제자리에 놓아요.
Throw the trash away.	쓰레기를 버려요.
Where does the garbage go?	쓰레기를 어디에 버리나요?
Put the garbage into the bin.	쓰레기통에 쓰레기를 버리세요.
Pick up the paper*.	종이를 주워요.

* 해당하는 물건 your things, the pencils, the books, the papers 등으로 바꿔서 활용한다.

03 Break Time and Transition

활동이 전이될 때나 이동할 때 안전과 관련하여 지켜야 할 표현이다. 아이들이 이해할 수 있도록 동작과 표정을 정확하고 의미있게 함께 사용하는 것이 좋다.

1) 휴식시간 휴식

Let's take a break*.	잠깐 쉬자.

* 시간을 정하여 "Let's take a ten- minute break."으로 응용한다.

2) 이동하기

We are going somewhere*.	우리는 어디 가고 있어요.
You need to go quietly.	조용히 가야 해요.
Don't run, walk slowly.	뛰지 말고 천천히 걸으세요.
Go straight down**.	똑바로 내려가세요.
Be careful when you go down** the stairs.	계단을 내려갈 때는 조심하세요.
Hold on to the handrail.	계단 난간을 잡으세요.
It's this way, not that way.	저쪽이 아니라 이쪽이에요.
Let's go back to the classroom now.	지금 교실로 다시 돌아갈 거예요.

* 장소에 따라 outside, inside, to the library, to the ○○ class, to the gym 등으로 응용한다.

** 이동 위치에 따라 up으로 활용한다.

3) 줄서기

Line up.	줄 서세요.
Get in a/the line.	줄 안에 서세요.
Stand in two lines.	두줄로 서세요.
Make two lines.	두줄을 만드세요.
Line up in groups*.	그룹으로 줄을 서세요.
Walk in a straight line.	똑바로 걸으세요.
Don't cut in line.	끼어들지 마세요.
Go to the end of the line.	줄 끝으로 가세요.
Minji, come to the front.	민지, 앞으로 나오세요.
Follow me.	나를 따라오세요.

* 무작위가 아닌 그룹별로 줄을 서게 할 때 활용하는 표현이다.

Vocabulary Corner | Colors & Patterns

1. Colors

- red (빨간색), orange (주황색), yellow (노란색), green (초록색)
- blue (파란색), navy blue (남색), purple (보라색)
- yellow-green (황록색), burgundy (진홍색), peach (복숭아색)
- beige (베이지색), khaki (카키색), brown (갈색), cocoa (코코아색)
- mustard (겨자색), olive (올리브색)
- gold (금색), silver (은색), bronze (동색)
- white (흰색), black (검은색), gray (회색)

2. Patterns

- plain (무늬없는)
- floral (꽃무늬)
- striped (줄무늬)
- polka dotted (물방울 무늬)
- checked/checkered (체크무늬)
- plaid (격자무늬)
- paisley (페이즐리 무늬)

▶ 문장 속에서 색과 패턴을 표현할 때는 다음과 같이 적용할 수 있다.

It has a floral pattern.
It has stripes. It is striped.
It has polka dots. It is polk-dotted.
It has checks. It is checked. It is checkered.
It has a paisley pattern. It is paisley.
It is plain.

Common Mistakes | /p/ & /b/ Sounds

/p/ sound는 잘못 발음하면 한국어의 ㅍ 발음이나 영어의 /f/발음으로 발음하게 되는 경우가 많다.

/p/ sound는 무성 양순 파열음으로 발성할 때 성대가 울리지 않고, 양쪽 입술을 움직여 소리를 내며, 조음기관의 공기의 흐름을 차단하여 소리를 낸다. 발음방법은 약간 힘을 주어 입술을 살짝 안으로 더 말아 넣고 폐로부터 공기를 모아 밖으로 내뿜으면서 성대를 울리지 않고 소리를 낸다. 다음의 단어로 /p/ sound를 연습해 보자.

put push purple
parrot popcorn

/b/ sound는 한국어의 ㅂ 발음과 비슷하게 생각하는데 성대까지 울리는 깊은 소리가 나는 것이 다르다. /p/ 발음과 입모양은 같지만 성대를 울리는지의 여부에 따라 차이가 있다.

/b/ sound는 유성 양순 파열음으로 발성할 때 성대를 울리고, 양쪽 입술을 움직여 소리를 내며, 조음기관의 공기의 흐름을 차단하여 소리를 낸다. 발음방법은 약간 힘을 주어 입술을 살짝 안으로 더 말아 넣고 폐로부터 공기를 모아 밖으로 내뿜으면서 성대를 울리며 소리를 낸다. 다음의 단어로 /b/ sound를 연습해 보자.

bag bug bat
butterfly box

아래의 문장 속에서 /p/ 와 /b/ sound를 연습해 보자.

The boys push the button.

The parrot follows the butterfly.

Sing Along | Open Shut Them

Open Shut Them

가사와 율동

Open, shut them. Open, shut them.
양손을 들고 폈다 접었다 두 번 반복한다.
Give a little clap, clap, clap.
양손 바닥을 모아 작은 소리로 손뼉을 세 번 친다.
Open, shut them. Open, shut them.
양손을 폈다 접었다 두 번 반복한다.
Fold them in your lap, lap, lap.
양손을 깍지 끼어 손을 무릎 위에 놓는다.

Creep them, creep them.
양 손가락을 무릎에서부터 턱까지 천천히 거미가 올라가듯이 올라간다.
Creep them, creep them.
양 손가락을 무릎에서부터 턱까지 천천히 거미가 올라가듯이 올라간다.
Right up to your chin, chin, chin.
두 검지로 턱을 세 번 짚는다.
Open wide your little mouth.
입을 큰 모양으로 벌린다.
But do not put them in.
손을 입 앞에 대고 고개를 가로젓는다.

어린이들의 주의집중에 많이 활용되는 노래이다. 짧게 주의집중할 때는 1절만 활용하고, 부모참여 수업 등에서 재미있게 노래 부르면서 주의집중할 때는 1, 2절을 부른 후 다시 1절을 반복하여 손을 무릎 위에 놓고 본 수업을 시작한다. 다음과 같이 노래 가사를 바꾸어 확장할 수 있다.

* little clap → big clap
* to your chin → to your nose (eyes, ears, head), to the sky

(참고자료:웹사이트 www.eshasha.com)

Chapter 3 Basic Routines

1. Calendar and Weather Routines
2. Alphabet Routine
3. Number Routine
4. Others

Vocabulary Corner: Classroom Environment

Common Mistakes: /r/ Sound

Think About It: Most Popular Child Names

chapter 03 Basic Routines

Key Expressions

What is today?
Today is Saturday, March 5.
What's the weather like today?
It is sunny.
What's the temperature like today?
It is hot.
How many days did it rain last week?
Let's sing the ABC song.
Draw a green triangle around the letter A.
How many days have we been in school?
We have been in school fifty-two days.
How do you feel today?
I am happy.
Let's go over it one more time.

01 Calendar and Weather Routines

교사가 데일리루틴 중 달력 활동인 년, 월, 일, 요일을 매일매일 반복하면 어린이는 연속되는 시간과 관련된 개념을 함께 익힐 수 있다. 기본적인 표현이 익숙해진 후에는 어제와 오늘, 내일 등으로 확장할 수 있다. 날씨 활동에서는 수학적 개념을 추가하여 그 주 혹은 그 달의 날씨 통계를 알아보거나, 계절의 변화에 대한 개념도 배우게 된다. 데일리루틴은 교사 주도에서 점차 유아 주도의 역할 바꾸기로 진행될 수 있고, 또래 간에 질문을 주고받는 형식으로도 운영될 수 있다.

1) 오늘 날짜, 요일, 날씨

Let's look at the calendar.	달력을 봐요.
What month is it?	몇월인가요?
It is March.	3월이에요.
What is the date?	몇일인가요?
Let's count.	숫자를 세요.
One, two, three, four.	하나, 둘, 셋, 넷.
What comes next?	다음에 무엇이 오나요?
Five.	다섯이요.
Is this five?	이것이 다섯인가요?
What day is it today?	오늘은 무슨 요일이에요?
It is Monday.	월요일이에요.
What is today?	오늘 무슨 날이에요?
Today is Saturday*, March** 5.	오늘은 3월 5일 토요일이에요.
What's the weather like today?	오늘은 날씨가 어때요?
Is it sunny?	날씨가 맑아요?
It is sunny***.	날씨가 맑아요.
What's the temperature like today?	오늘 기온이 어때요?
It is hot****.	더워요.

* 요일에 따라 Sunday, Monday, Tuesday, Wednesday, Thursday, Friday, Saturday로 응용한다.

** 월에 따라 January, February, March, April, May, June, July, August, September, October, November, December로 응용한다.

*** 날씨에 따라 sunny, raining, cloudy, snowing, windy로 활용한다.

**** 기온에 따라 warm, cool, cold, hot으로 응용한다.

2) 어제 날짜, 요일, 날씨

미국식 영어는 날짜를 나타낼 때 서수와 기수 모두 사용한다. 특히나 영어를 배우는 어린이는 날짜를 셀 때 기수로 시작을 하고 숫자와 시간의 개념이 형성된 후, 서수를 소개한다. 영국식 영어의 경우 날짜를 나타낼 때 대부분 서수를 사용한다.

What month was it yesterday?	어제는 몇월이었어요?
It was March.	3월이었어요.
What was the date yesterday?	어제는 몇일이었어요?
It was four.	어제는 4일이었어요.
It was the fourth.	어제는 4일이었어요.
What day was it yesterday?	어제는 무슨 요일이었어요?
It was Sunday.	어제는 일요일이었어요.
What was yesterday?	어제는 무슨 날이었어요?
Yesterday was Sunday, March 4.	어제는 3월 4일 일요일이었어요.
What was the weather like yesterday?	어제는 날씨가 어땠어요?
It was sunny.	어제는 맑았어요.
What was the weather/temperature like yesterday?	어제는 기온이 어땠어요?
It was hot.	어제는 더웠어요.

* 일상적인 대화에서는 현재를 이야기한 후에 추가적인 질문으로 과거를 언급하는 것이 자연스럽다. 각각의 항목으로 "How about yesterday? What was yesterday? Yesterday was..."로 간단히 질문할 수 있다.

3) 내일 날짜와 요일, 날씨 예측하기

What month will it be tomorrow?	내일은 몇 월이에요?
It will be March.	3월이에요.
What will the date be tomorrow?	내일은 몇 일이에요?
It will be four.	4일이에요.
What day will it be tomorrow?	내일은 무슨 요일이에요?
It will be Sunday.	일요일이에요.

What will tomorrow be?	내일은 무슨 날이에요?
Tomorrow will be Tuesday, March 6.	내일은 3월 6일 화요일이에요.
What will the weather be like tomorrow?	내일 날씨는 어떨까요?
It will be sunny.	화창할 거예요.
What will the temperature be like tomorrow?	내일 기온은 어떨까요?
It will be hot.	더울 거예요.

* 일상적인 대화에서는 현재를 이야기 한 후에 추가적인 질문으로 미래를 예측하는 것이 자연스럽다. 각각의 항목도 "How about tomorrow? What will be tomorrow? Tomorrow will be..."로 간단히 질문할 수 있다.

4) 기타

How many days did it rain last week*?	지난주에 비가 며칠간 왔었어요?
It rained 2 days last week*.	지난주에 2일간 비가 왔었어요.
It is the 15th** of March.	3월 15일이요.
It is March 15th**.	3월 15일이요.
It is spring***.	봄이에요.

* 날씨에 대한 통계를 last month, until now로 활용한다.
** 서수를 활용할 때 위의 표현을 사용한다.
*** 환절기에 계절의 변화를 이야기할 때, spring, summer, fall, winter 등으로 응용한다.

02 Alphabet Routine

알파벳과 관련된 활동은 유아 및 초등 시기에 다루게 되는 파닉스를 포함한다. 7장에 있는 파닉스 활동을 추가하여 진행할 수 있다. 알파벳 관련된 활동으로 알파벳의 순서, 대문자, 소문자, 글자의 모양, 알파벳의 음가, 첫소리, CVC 단어 등을 포함한다. 이러한 활동은 쉬운 찾기 → 어려운 표현으로 3년에 걸쳐서 다양한 활동으로 전개될 수 있다.

1) 알파벳 노래

Do you know the ABC song?
Let's sing the ABC song.
ABCDEFG HIJKLMN OPQ RST UVW XYZ.
Now, I know my ABC's.
Next time won't you sing with me.

* 알파벳 포스터 혹은 알파벳 카드를 활용해 다양한 Alphabet 노래를 소개한다. 충분히 한 노래에 익숙해지고 관련 활동이 이루어질 때까지 한 가지 노래를 활용하는 것이 좋다. 위의 기본적인 The ABC Song은 파닉스가 익숙해진 아이들에게는 각 알파벳 대신 대표 음가로 The Letter Song으로 바꾸어 불러 볼 수 있다.

2) 알파벳 관련 활동

Find* the letter A.	알파벳 A를 찾아요.
Find the picture: apple.	"사과" 사진을 찾아요.
Draw a triangle** around the letter A.	알파벳 A에 삼각형을 그려요.
Draw a green*** triangle around the letter A.	알파벳 A에 초록 삼각형을 그려요.
Draw a red circle**** around the first letter of the word apple.	"사과"의 첫 글자에 빨간 원을 그려요.
Show me your finger.	손가락을 보여주세요.
Let's write the letter A.	알파벳 A를 써요.

* 구체적으로 제시되는 행동에 따라 find, circle 등으로 응용한다.
** 모양에 따라 circle, triangle, square, rectangle, star, heart를 응용한다.

*** 색깔에 따라 red, orange, yellow, green, blue, purple, black을 응용한다.
**** 각각 모양과 색깔 개념을 익힌 후, 모양과 색깔 둘 다 포함해서 어려운 표현으로 익힐 수 있다.

03 Number Routine

유아시기에 수 개념은 일상생활과 주변의 환경과 연관되어질 때 잘 전달된다. 학교에서 며칠을 함께 생활했는지 알아보는 수활동은 연령에 따라 조절될 수 있다. 1~5, 1~10, 1~20으로 점차 확대한 뒤, 숫자에 익숙해지면 1-100까지의 큰 수를 다루고 10씩 묶어서 활동함으로써 십진법의 초기 개념을 소개할 수 있다. 학교에서 지낸 지 100일째 되는 날에는 함께 그 시간을 기념해 보는 활동을 계획해 보고 실행해 보는 것도 좋은 경험이다. 아이스크림 막대나 스틱을 활용해서 1의 자리, 10의 자리, 100의 자리에 해당하는 수만큼의 스틱을 넣고 박스 또는 종이컵에 넣어 구분하는 것도 한 방법이다.

1) 수세기

How many days have we been in school?	학교에 등교한 지 며칠 되었나요?
Let's count.	같이 세어 보자.
One, two, three...	하나, 둘, 셋…….
What comes next?	그 다음에는 무엇이 오지요?
Fifty-two.	52.
We have been in school fifty-two days.	학교에 다닌 지 52일 되었어요.
When we have been in school 100 days, we will have a party.	학교에 다닌 지 100일째 되는 날, 파티를 할 거예요.
Let's add one more stick.	막대 하나를 더하자.

How many tens are there?	10개 묶음이 몇 개 있어요?
How many ones are there?	1개는 몇 개 있어요?
Let's write the number.	숫자를 써 보자.

04 Others

기타의 루틴 활동으로 기분에 대해서 말해보기, 교육과정의 내용을 복습해 보는 컨텐츠 기반 루틴이 있다. 컨텐츠 기반 루틴의 경우 활동 및 영역의 종류에 따라 다른 방식으로 상호작용하므로 7장과 8장의 내용을 참고하도록 한다.

1) 느낌

How do you feel today?	오늘 기분이 어때요?
Are you happy*?	기뻐요?
I am happy*.	기뻐요.
How does Minji** feel today?	오늘 민지 기분이 어때요?
She** is excited.	민지는 신나요.
Ask your partner how she** feels today.	짝에게 민지 기분이 어떤지 물어봐요.

* 기분에 따라 happy, sad, angry, excited, surprised, frustrated, tired, exhausted, upset을 응용한다.

** 유아에게 질문한 후, 다른 사람에게 질문할 때 she, he와 같은 3인칭 단수를 자연스럽게 적용한다.

2) Content-based Routine

Let's review.	복습해 보자.

Do you remember this story?	이 이야기를 기억해요?
Let's go over it one more time.	다시 한 번 해보자.
What did we do last time*?	지난 번에 우리가 무엇을 했나요?

* 시간에 따라 class, week로 응용한다.

Vocabulary Corner | Classroom Environment

1. Furniture

- desk (책상), table (테이블)
- chair (등받이 의자), stool (등받이 없는 의자), folding chair (접는 의자)
- couch (카우치)

2. Teaching Station

- whiteboard (화이트 보드), chalkboard/blackboard (칠판), felt board (융판)
- screen (스크린)

3. Multimedia

- laptop (노트북), desktop (데스크탑)
- monitor (모니터), screen (스크린), beam projector (빔프로젝터)
- remote control (리모콘), CD player (CD 플레이어)

4. Facilities

- light(s) (조명), air conditioner (에어콘)
- curtain(s) (커튼), blinds (블라인드)

5. Stationary Supplies

- pushpin (압정), paper clip (클립)

- stapler (스테이플러), staples(스테이플러 심), staple remover (스테이플 리무버)
- scissors (가위), boxcutter (칼), blade (칼 날)
- eraser (지우개), correction pen (수정액), correction tape (수정테이프)
- clear tape (투명테이프), double-sided tape (양면테이프)
- paper cutter (종이 재단기), laminating machine (코팅기)

Common Mistakes | /r/ Sound

/r/ sound는 한국어에는 없는 발음으로 가장 어려워하는 발음 중의 하나이다. 한국어의 ㄹ발음이나 /l/ 발음과는 구분하여 발음하도록 연습한다.

/r/ sound는 치경 전동음으로 발성할 때 성대가 울리며, 혀를 앞니 주변 쪽에 대고 소리를 내고, 폐쇄와 파열을 반복해서 소리를 낸다. 발음방법은 입술을 둥글게 내밀고 혀를 앞쪽 입천장에 닿지 않게 구부리고 혀를 긴장시킨 상태에서 성대를 울려가며 소리를 낸다. 흔히 영어를 하면 혀를 굴린다고 하는 것이 바로 이 /r/ 발음을 전체적으로 부드럽게 굴리는 데서 주게 되는 인상이다.

raining red review
remember rabbit rug

아래의 문장 속에서 /r/ sound를 연습해 보자.

Red rabbit wears a ribbon.

▶ 잠깐! 아 다르고 어 다르다? /l/ 다르고 /r/ 다르다!
r과 l 음의 차이로 완전히 다른 의미가 되는 단어들이 있다.

rice (쌀)	lice (이)
rock (바위)	lock (자물쇠)
right (오른쪽)	light (불빛)
race (경주)	lace (레이스)
ramp (경사로)	lamp (램프)
french fries (튀긴 감자요리)	french flies (프랑스 파리들)

Think About It | Most Popular Child Names

Boys	Girls
Jacob	Isabelle
Ethan	Emma
Michael	Olivia
Alexander	Sophia
William	Ava
Joshua	Emily
Daniel	Madison
Jayden	Abigail
Noah	Chloe
Anthony	Mia

2009년 미국에서 가장 인기 있었던 유아 이름 10위까지로 아이들의 영문 이름 작명할 때 참고해 볼 수 있다.

(참고자료: 웹사이트 www.ssa.gov/OACT/babynames/)

Chapter 4 Lunch & Snack

1. Preparation & Clean Up
2. Serving Food
3. Prayer & Song
4. Table Conversation
5. Table Manners

Vocabulary Corner: Lunch & Snack

Common Mistakes: /l/ Sound

Sing Along: "A Song of Thanks"

chapter 04 Lunch & Snack

Key Expressions

Take out your lunch tray.
Would you like some more rice?
Don't eat yet.
Wait until everyone has been served.
What is your favorite food?
Let's try a little bit of cucumber.
Close your mouth while you are eating.
Sit close to the table to eat.
Did you enjoy your lunch?
Pour juice into the cup carefully.
Take your time eating.

01 Preparation & Clean Up

기관에서 간식이나 점심 식사를 하는 경우, 교사는 어린이들이 올바른 식사예절 및 식습관을 기르도록 안내하여 주어야 한다. 어린이들이 간식이나 점심을 먹기 전에 손을 씻고 자리를 정리정돈하는 습관을 지킬 수 있도록 교사가 지도하며, 간식이나 점심 후에는 스스로 도시락이나 자기 자리를 깨끗이 치울 수 있도록 한다.

1) 준비하기

It's time for lunch*.	점심시간이에요.
Let's have lunch.	점심을 먹자.
Wash your hands before eating lunch.	점심 먹기 전에 손을 씻어요.
Did you wash your hands?	손, 씻었어요?
Take out your lunch tray**.	도시락/식판을 꺼내요.
Where is your lunch tray**?	도시락/식판이 어디 있어요?
Go get your lunch tray**.	도시락/식판을 가져와요.
Get ready to eat.	음식 먹을 준비를 해요.

* snack으로도 활용한다.

** 도구에 따라 spoon, fork, chopsticks, cup을 응용한다.

2) 정리하기

Did you finish your food?	음식을 다 끝냈어요?
Are you done with your food?	음식을 다 먹었어요?
Did you enjoy your lunch?	음식을 맛있게 먹었어요?
If you have leftovers, you need to throw them away.	음식이 남았다면, 버리세요.
Put the leftovers in this container*.	남은 음식은 이 용기에 넣자.
Clean your lunch tray and table.	도시락/식판과 테이블을 닦자.
Pick up the food and throw it away.	음식을 집어서 버리자.
Put your lunch box in your backpack.	도시락 통을 가방에 넣어요.

* 도구에 따라 bowl, bucket을 응용한다.

02 Serving Food

교사는 음식에 대한 기호를 분명하게 표현하는 어린이의 경우, 그 아이의 식품 기호도를 고려하되 다양한 음식을 경험하여 볼 수 있도록 유도한다. 그리고 유아의 연령과 개인차에 따라 융통성 있게 조절하여 배식하는 데 유의한다.

Get your tray and line up.	도시락/식판을 갖고 줄을 서요.
Please wait in one line.	한줄로 서서 기다리자.
One straight line, please.	똑바로 한 줄을 만들자.
You need to go to the end of the line.	줄 맨 끝으로 가야 해요.
Hold your tray straight.	도시락/식판을 똑바로 들어요.
Would you like some more fish*?	생선 더 먹을래요?
What would you like?	무엇을 먹고 싶어요?
What would you like to drink?	무엇을 마시고 싶어요?
Hold it tight and go back to your table carefully.	잘 들고, 자기 자리로 조심히 돌아가요.
Hold it still and walk slowly to your seat.	잘 들고 자리로 천천히 걸어서 돌아가요.
Tell me what you want.	무엇을 원하는지 말해줘요.
How much** rice would you like?	밥을 얼마나 먹을래요?
How many*** carrots would you like?	당근을 몇 개 원해요?
Don't overeat.	과식하지 말아요.
Eat just enough.	먹을 만큼 충분히 먹어요.
Don't eat too much.	너무 많이 먹지 말아요.

* 음식에 따라 kimchi, seaweed, potato, pork cutlet, spinach를 응용한다.
** 밥, 우유 등과 같이 셀 수 없는 것의 양을 표현할 때는 How much를 활용한다.
*** 당근, 오이 등과 같이 셀 수 있는 것의 양을 표현할 때는 How many를 활용한다.

03 Prayer & Song

점심 식사를 하기 전 주의사항과 함께, 음식을 소중히 여기며 감사의 마음을 표현해 볼 수 있다.

Get ready for lunch.	점심 먹을 준비를 합시다.
Put your lunch tray on the table.	도시락/식판을 테이블 위에 놓아요.
Sit nicely and quietly.	바르고 조용하게 앉아요.
Wait until everyone has been served.	모두 점심을 받을 때까지 기다려요.
Be careful. The soup is hot.	조심해요. 국이 뜨거워요.
Don't touch your food yet.	아직 음식 만지지 말아요.
Leave it there.	거기에 놓아요.
Don't eat yet.	아직 먹지 말아요.
Don't start to eat until I say so.	내가 먹자고 말하기 전에 먹지 말아요.
Let's sing the lunch song.	점심 노래를 부르자.
Let's pray.	기도하자.

04 Table Conversation

어린이들은 점심 혹은 간식 시간에 자신이 좋아하는 음식뿐만 아니라 자신이 싫어하는 음식을 경험하게 된다. 이때 교사는 음식의 맛이 어떤지, 좀 더 먹고 싶은 음식은 무엇인지, 그리고 얼마나 더 먹고 싶은지 등을 함께 이야기 나누면서 어린이들 식품 기호도를 파악할 수 있다.

1) 일반적인 식사 중 대화

What's for lunch?	점심이 뭐죠?

What is your favorite food?	좋아하는 음식이 뭐예요?
Enjoy your meal*.	맛있게 먹어요.
How is the taste**?	맛이 어떤가요?
Is it tasty***?	맛있어요?
Is it spicy****?	매워요?
What does it taste like?	어떤 맛이에요?
Do you like it?	좋아해요?
Please eat up everything.	다 먹어요.
You need to eat lots of fruits and vegetables.	과일과 야채를 많이 먹어야 해요.
Fruits and vegetables are good for you.	과일과 야채는 몸에 좋아요.
Do you want some more?	더 먹을래요?
Go and ask for some more.	가서 더 달라고 해요.
Let's try a little bit of radish kimchi.	깍두기 조금 먹어 보자.
Try this one.	이거 한 번 먹어 보자.
Chew well.	잘 씹어요.

* 유사한 표현으로 'Help yourself.', 'Let's eat.'을 활용한다.
** 음식의 맛/냄새/색에 대해서 표현할 때 taste, smell, color를 응용한다.
*** 유사한 표현으로 tasty, delicious, yummy를 활용한다.
**** 맛에 따라 spicy, crispy, sweet, tender, sour, juicy, bitter, strong을 응용한다.

2) 간식시간

It's time for a snack.	간식 시간이에요.
Let's have a snack.	간식을 먹자.
We are going to eat yogurt* for our snack.	간식으로 요구르트를 먹을 거예요.
Have some apples*.	사과를 좀 먹어 봐요.
Pour the juice into the cup carefully.	컵에 쥬스를 잘 따라요.
You need to share the bananas* equally. You will each get 3**.	공평하게 바나나를 나누어요. 한 사람당 3개씩 가질 거예요.

Eat slowly.	천천히 먹어요.
Take your time eating.	천천히 먹어요.
Two more bites*** to go.	두 번 더 먹어요.

* 스낵에 따라 raisins, boiled sweet potato, cereals, nut을 응용한다.
** 간식 양에 따라 숫자를 변형할 수 있다.
*** 유사한 표현으로 spoons를 활용한다.

05 Table Manners

교사는 유아가 식사에 대한 올바른 이해를 도모할 수 있도록 하며, 음식을 가지고 장난치지 않고, 소중히 여길 수 있도록 하여야 한다. 올바른 식생활 습관을 형성할 수 있도록 어린이들이 지켜야 할 식사예절은 다음과 같이 표현한다.

Don't leave food on your tray.	도시락/식판에 음식을 남기지 말아요.
Close your mouth while you are eating/chewing.	먹는 동안에는 입을 다물어요.
Don't talk with food in your mouth.	입에 음식이 있을 때 얘기하지 말아요.
Use your spoon and chopsticks.	숟가락과 젓가락을 사용해요.
Don't spill your food.	음식을 흘리지 말아요.
Don't play with your chopsticks.	젓가락으로 장난하지 말아요.
Don't play with your food.	음식으로 장난하지 말아요.
Don't eat food off the floor.	바닥에 흘린 음식을 먹지마세요.
Sit close to the table to eat.	테이블 가까이 앉아서 먹어요.
Move your chair closer to the table.	의자를 테이블 쪽으로 끌어와요.

Vocabulary Corner | Lunch & Snack

1. Lunch

- lunch box (도시락), lunch pail (도시락통), lunch tray (식판)
- water bottle (물통), water cup (물컵)
- spoon (숟가락), chopsticks (젓가락), fork (포크), knife (칼), serving spoon (서빙 스푼)
- napkin (냅킨), paper towel (종이 타월)

2. After Lunch

- toothpaste (치약), toothbrush (칫솔)

Common Mistakes | /l/ Sound

/l/ sound는 한국어의 ㄹ발음과는 구분되는 특성을 지닌다. 첫소리 L과 끝소리 l은 발음방법에 있어 차이가 있다.

첫 소리 /l/을 발음할 때는 입을 약간 벌려 주고 혀의 끝부분을 윗니 뒷부분에 대고 혀의 양쪽으로 공기를 흐르게 하면서 성대를 울려 소리를 낸다. 한국어의 ㄹ보다 혀끝이 윗니 뒷부분에 머무르는 시간이 길기 때문에 앞에 (을)/l/ 소리를 내는 느낌으로 발성하면 된다.

listen letter loudly
lion ladder leaf

끝소리 /l/의 경우는 아무리 정확하게 발음하려 해도 외국인이 잘 못 알아듣는 소리이다. 주로 단어의 중간이나 끝에 오는 /l/ 소리는 첫소리에서와 달리 혀끝이 윗니의 뒤쪽에 닿지 않고 혀를 첫소리 /l/의 경우보다 뒤쪽으로 가서 소리를 낸다. 정확한 발음을 위하여 bowl, girl 등과 같이 끝소리에 /l/ 발음이 있는 경우에는 자음과 마지막 /l/ 소리 사이에 /u/ 소리를 삽입하는 것과 같이 발음하면 된다.

oil civil full
silk milk feel

첫소리와 같이 정확하게 발음되는 l 소리를 분명하고 맑은 소리라는 의미에서 clear l이라고 하고, 단어 중간이나 끝에서 발음되는 l 소리는 정확하게 들리지 않고 둔한 소리를 낸다는 의미에서 dark l이라고 말한다.

아래의 문장 속에서 /l/ sound를 연습해 보자.

The lazy lion will lie down.

Sing Along | A Song of Thanks

어린이들과 식사시간 또는 간식시간 전에 다음의 시에 음을 붙여 함께 노래 부를 수 있다.

A Song of Thanks

Thank you for the world so sweet.

Thank you for the food we eat.

Thank you for the birds that sing.

Thank you God, for everything.

(E. Ruther Leatham의 시)

식사 시간에 함께 하는 기도는 다음과 같은 예시문을 활용할 수 있다.

THANK YOU LORD

Thank you Lord for happy hearts,

For rain and sunny weather.

Thank you Lord for this our food,

And that we' re here together.

Amen.

Chapter 5 Bathroom Activities

1. Brushing Teeth
2. Using the Bathroom
3. Washing Hands
4. Others

Vocabulary Corner: Bathroom

Common Mistakes: /th/ Sound

Think About It: Bathroom Poster

chapter 05 Bathroom Activities

Key Expressions

Squeeze some toothpaste on your toothbrush.
Rinse your mouth with water.
Put the cap back on the toothpaste.
Wait for your turn.
Don't forget to flush the toilet.
Please knock on the door before you enter.
Roll up your sleeves.
Rinse your hands with water.
Does anyone want to go to the bathroom?
Do you need help getting dressed?

01 Brushing Teeth

유아기에 치아를 어떻게 관리하느냐에 따라 성인기까지 치아건강에 큰 영향을 미칠 수 있다. 따라서 교사는 유아의 치아관리 요령과 치아 건강에 좋은 식생활 습관 등을 자연스럽게 익힐 수 있도록 지도한다. 평상시 기관에서 어린이가 칫솔질을 잘 하는지 옆에서 확인하여 치아 건강을 유지시킬 수 있도록 한다.

Brush your teeth.	양치질해요.
Squeeze some toothpaste on your toothbrush.	치약을 짜서 칫솔에 묻혀요.
That's too much toothpaste.	치약이 너무 많아요.
Brush your teeth up and down*.	이를 위 아래로 닦아요.
Rinse your mouth with water.	입을 물로 헹궈요.
Wipe your mouth with a towel.	타월로 입을 닦아요.
Put your toothbrush** away.	칫솔을 갖다 놓아요.
Put the cap back on the toothpaste.	치약 뚜껑을 닫아요.
Look at your teeth in the mirror.	거울로 이를 보자.
Are they clean?	깨끗해요?
Turn on*** the water.	물을 틀어요.

* 위치와 방향에 따라 front and back을 응용한다.

** 칫솔 용품으로 toothpaste, cup을 응용한다.

*** 반대어로 off를 활용한다.

02 Using the Bathroom

유아들은 등원에서 귀가까지 화장실을 오고가며 다양한 경험을 한다. 어린이는 화장실에서 신체적 욕구, 심리적 욕구 및 사회적 욕구를 충족한다. 화장실의 올바른 사용을 통해 어린이가 청결을 깨끗이 유지할 수 있도록 한다.

Use your indoor voices.	방 안에서 조용한 목소리로 말해요.
Speak quietly in the bathroom.	화장실에서 조~용~히 말해요.
Don't play in the bathroom.	화장실에서 놀지 마세요.
Please knock on the door before you enter.	들어가기 전에 노크하세요.
Line up.	줄을 서요.

Wait for your turn.	차례를 기다려요.
Don't forget to flush the toilet*.	변기에 물 내리는 거 잊지 말아요.
Flush the toilet after using it.	사용 후 변기에 물을 내려요.
Do not splash water in the bathroom.	화장실에서 물장난하지 말아요.
Don't play with water.	물장난하지 말아요.
Put the paper towel in the trash can.	종이타월은 휴지통에 버리세요.
Use a paper towel and throw it away.	종이타월을 사용한 뒤, 버리세요.
Dry your hands with a towel.	수건으로 손을 말려요.

* 화장실 사용 후 wash your hands, dry your hands 표현을 사용한다.

03 Washing Hands

점심 및 간식을 먹기 이전 및 이후에 유아는 반드시 청결하게 손을 씻어야 한다. 어린이들의 건강을 위하여 기관에서는 아무리 기본적인 것이라도 할지라도 하루의 일과에 과정을 포함시켜 반복적으로 위생 교육을 하도록 한다.

Roll up your sleeves.	소매를 걷어 올려요.
Wet your hands with water.	손에 물을 적셔요.
Put your hands under the water.	흐르는 물에 손을 대세요.
Get the bar of soap.	비누를 잡으세요.
Put some soap on your hands.	손에 비누칠을 해요.
Make bubbles.	거품을 내요.
Scrub your hands.	손을 문질러요.
Wash your palms*.	손바닥을 씻어요.
Rinse your hands with water.	물로 손을 씻어요.
Dry your hands with a paper towel**.	종이타월로 손을 닦아요.

* 손 부위에 따라 your fingers, the back of your hands, between your fingers, under your fingernails, your wrists를 응용한다.
** 손을 말리는 방법에 따라 towel, hand dryer를 응용한다.

04 Others

Does anyone want to go to the bathroom?	화장실 가고 싶은 사람 있어요?
Who wants to go to the bathroom?	누구 화장실 가고 싶어요?
If you want to go to the bathroom, you should ask "May I go to the bathroom?"	화장실에 가고 싶으면, "May I go to the bathroom?"이라고 말해야 돼요.
Lock* the door.	문을 잠궈요.
Don't lock the door.	문을 잠그지 말아요.
Unbutton*** your pants.	바지 단추를 풀러요.
Unbuckle your belt.	벨트를 풀어요.
Pull down** your pants.	바지를 내려요.
Do you need help getting dressed?	옷 입는 거 도와줄까요?
Do you need help zipping**** up your pants?	바지 지퍼를 올리는 거 도와줄까요?
Don't touch this part of the toilet.	변기의 이쪽 부분은 만지지 말아요.

* 반대어로 unlock을 활용한다.
** 반대어로 up을 활용한다.
*** 지퍼가 있는 바지일 경우에는 unzip으로 표현한다.
**** 지퍼가 있는 옷의 경우 zipping으로 표현한다.

Vocabulary Corner | Bathroom

흔히 사람들이 화장실이라고 하면 bathroom, toilet, washroom, restroom 혹은 W.C 등 여러 가지로 표현한다. 대체적으로 bathroom의 경우에는 개인 가정 내에 욕조가 딸려 있는 화장실을 지칭하며, toilet의 경우에는 변기만 있거나 혹은 여러 개의 화장실이 작은 칸으로 나뉘어져 있는 화장실을 칭한다. 또한 washroom은 일반적으로 공중 화장실을 지칭한다.

- toilet (화장실), toilet bowl (변기), urinal (남자용 소변기), flush the toilet (물을 내리다)
- toilet paper (화장지), faucet (수도꼭지), soap (비누)
- hand dryer (핸드 드라이어), mirror (거울), paper towel (종이 타월)

Common Mistakes | /th/ Sound

/th/ sound는 θ, ð 두 가지 소리를 낸다. 이 두 발음 역시 한국어에는 없는 발음이기 때문에 /s/, /d/ 혹은 /z/와 같이 잘못 발음되기 쉽다. 혹은 발음법은 알고 있으나 익숙하지 않아 잘못 발음한다.

/θ/는 혀를 윗니와 아랫니 사이에 살짝 물고 바람을 내보내며 혀를 뒤로 빼면서 발음한다. 이때 성대는 울리지 않는다.

thanks think thin
thick math bath

/ð/는 /θ/와 같이 혀를 윗니와 아랫니 사이에 살짝 물고 바람을 내보내며 혀를 뒤로 빼면서 발음하되, 성대를 울려 소리를 낸다.

the they them their
weather there then

아래의 문장 속에서 /th/ sound를 연습해 보자.

They look thin.
I think they are very good at math.

Think About It | Bathroom Poster

화장실에서 손을 씻을 때 사용하는 주요표현은 아래와 같이 포스터로 만들어 게시하고 교사는 반복되는 주요 표현을 적절하게 활용한다.

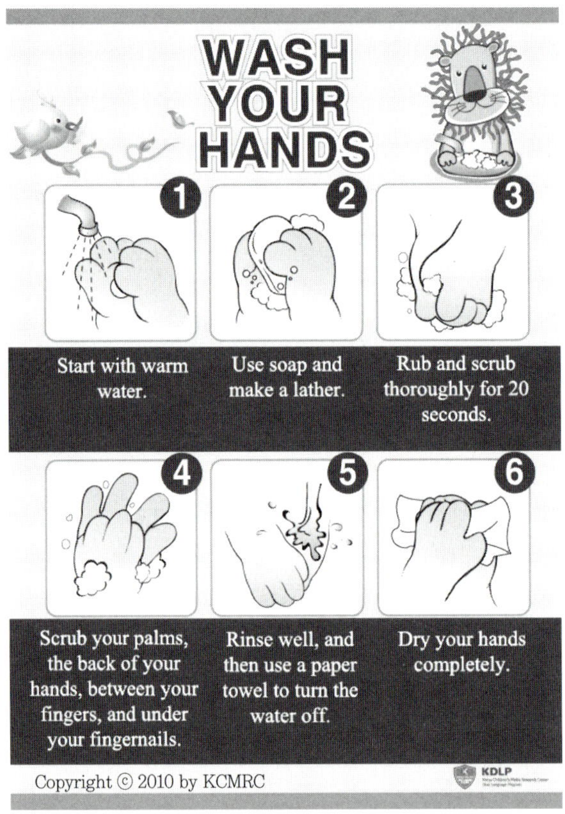

Unit 2 Managing Instruction

이번 Unit에서는 기관 혹은 학교에서 필요한 각 생활주제 관련 표현을 중심으로 다루고자 합니다. 음악, 요리, 미술, 과학 등 각 활동에 맞는 표현을 알아봅니다.

Chapter 6 During the Lesson

1 Whole Group Interaction

2. Board Activity

3. Textbook Activity

4. Handout Distribution

Vocabulary Corner: Body Parts

Common Mistakes: Grammatical Errors

Sing Along: "One Little Finger"

chapter 06 During the Lesson

Key Expressions

Who would like to do it?
Any volunteers?
Does anybody want to?
Whose turn is it now?
Write the word on the board.
Take it off.
Now, you are going to draw something.
Put your books on the table.
Could you share it with your partner?
Don't forget to write your name first.

01 Whole Group Interaction

어린이들을 대상으로 한 교사주도의 주입식 형태보다는 상호작용을 통한 참여식 수업이 적절하다. 대그룹 활동 중에 상호작용을 하면서 유아 개별적으로 이해하고 있는 정도를 확인해 가며 수업을 진행할 필요가 있다. 이때 사용하는 다양한 상호작용적 표현을 익혀보자.

1) 자발적인 참여 유도하기

Who wants to come up here*?	누가 나와서 해볼래요?
Who would like to do it?	누가 이것을 해볼래요?
Who can do it?	누가 이것을 할 수 있어요?
Raise your hands!	손을 드세요.
Any volunteers?	자진해서 할 사람?
Does anybody want to?	원하는 사람 있어요?

* 다른 표현으로 try, go first가 있다.

2) 지명하기, 순서 지키기

Minji, come up here!	민지, 앞으로 나오세요!
Minji, will you try?	민지, 해볼래요?
Who is sitting nicely?	누가 바르게 앉아 있어요?
Who is next?	누가 다음이에요?
Wait a minute*.	1분만 기다려요.
Whose turn is it now?	지금 누구 차례예요?

* 유사한 표현으로 minute, second, moment를 활용한다.

3) 자기 자리로 돌아가기

Go back to your seat.	자리로 돌아가요.
Sit down.	앉으세요.
Sit in your place.	자기 자리에 앉아요.
Go and sit down.	가서 앉으세요.
Go to your place.	자기 자리로 가요.

02 Board Activity

다양한 상호작용을 위한 교수 자료로는 보드를 활용한 활동, 융판을 활용한 활동이 가능하다. 칠판/보드는 3장에 소개된 바와 같이 종류에 따라 whiteboard, black board, felt board로 구분될 수 있다.

1) 보드활동

Look at the board.	보드를 봐요.
Go to the board.	보드에 가요.
Get a marker.	마커를 가져요.
Pick up the marker.	마커를 집어요.
Draw a book* on the board.	보드에 책을 그려요.
Write the word** on the board.	보드에 글씨를 써요.
Read the word** on the board.	보드에 있는 글씨를 읽어요.
Would you please clean*** the board?	보드를 닦아줄래요?
Can you erase this picture?	그림을 지워줄 수 있어요?

* 사물에 따라 apple, banana, lion, cat 등을 응용한다.
** 문장을 쓰려고 할 때는 sentence라고 표현한다.
*** 동일한 표현으로 erase를 활용한다.

2) 융판활동

Put the picture on the board.	융판에 그림을 붙여요.
Put it there*.	저기에 붙여요.
Put it in here.	여기 안에 놓아요.
Take it off.	이것을 떼세요.
Put it up** here.	여기 위에 놓아요.

Put it down here.	여기 아래에 놓아요.
It's upside down.	거꾸로 있어요./ 뒤집혔어요.
Turn it right side up.	오른쪽이 위로 올라오도록 해요.

* 융판에 그림을 붙이는 위치에 따라 here로 응용한다.

** 융판에 그림을 붙이는 위치에 따라 down으로 바꿔서 활용한다.

03 Textbook Activity

수업 중 교재를 활용할 때 그날에 배운 페이지를 잘 찾을 수 있도록 구두 지시뿐만 아니라 교사가 직접 해당페이지 또는 자료를 어린이들에게 보여주는 것이 좋다. 이때 쓸 수 있는 다양한 표현들을 살펴보자.

1) 텍스트 북 준비하기

Now, you are going to draw something*.	이제, ~을 그릴 거예요.
Take your books** out.	책을 꺼내요.
Take out your journals from your cubby***.	장/사물함에서 저널을 꺼내요.
Get your books ready.	책을 준비해요.
Put your books on the table.	책을 테이블 위에 놓아요.
Where is your book?	책이 어디 있어요?
Could you share it with your partner?	짝과 함께 볼래요?

* 구체적인 행동에 따라 draw, color, write 등의 동사를 활용하고 something에 an apple, a picture of a cat, the word 'pig' 등의 행위 대상으로 표현한다.

** 사물에 따라 books, journals, textbooks, pencils, crayons를 응용한다.

*** 저널을 놓는 장소에 따라 bag, drawer를 응용한다.

2) 페이지 찾기

Look at* page 15.	15페이지 봐요.
Open your books to page 15.	15페이지 펼쳐요.
Did you find page 15?	15페이지를 찾았어요?
Turn to the next page.	다음 페이지로 넘겨요.
Skip two pages.	2페이지를 건너뛰어요.
Turn back** to page 15.	15페이지로 돌아가요.

* 지정된 페이지로 이동하도록 하는 표현으로 let's have a look at, turn to, go to를 활용한다.

** 이전 활동 페이지로 돌아가는 표현으로 let's go back, come back을 쓴다.

3) 자료의 위치 찾기

It's in the front* of the book.	책 앞에 있어요.
It's at the top** of the page.	페이지 도입에 있어요.
It's at the top***.	위쪽에 있어요.
It's on the left****.	왼쪽에 있어요.
It's next to the picture.	그림 옆에 있어요.
It's underneath the picture.	그림 밑에 있어요.

* 책의 앞, 중간, 뒷부분을 찾을 때는 front, back, middle을 활용한다.

** 페이지의 도입, 중간, 끝 부분을 찾을 때는 beginning, middle, end를 활용한다.

*** 반대어로 bottom을 응용한다.

**** 반대어로 right을 응용한다.

04 Handout Distribution

워크시트 활동지는 수업 중 또는 개별 활동으로 제공되곤 한다. 이때 교사는 직접 자료를 나눠줄 수 있으나, 어린이의 도움을 받아 자료 배부 및 수거를 하는 것도 수업 진행 외의 또 다른 교육적 활동이 될 수 있다.

1) 자료 배부하기

I'll give you* the handouts.	인쇄물을 나눠줄게요.
Here you are**.	여기에 있어요.
Take one.	하나를 가져요.
Give these to your friends.	친구들한테 줘요.
Could you pass out these handouts***?	인쇄물을 나눠 줄래요?

* 동일한 의미로 pass out, distribute를 활용한다.
** 유사한 표현으로 "Here it is."를 활용한다.
*** 동일한 의미로 worksheets, activity sheets를 활용한다.

2) 자료보관, 추가 배부

Put* it in your file**.	파일에 넣어요.
Write your name when you get it.	활동지를 받으면 이름을 써요.
Don't forget to write your name first.	먼저 이름 쓰는 거 잊지 말아요.
Did everyone get one?	모두 받았어요?
Raise your hands if you didn't get one.	만약 못 받았으면 손을 들어요.
How many more do you need?	얼마나 더 필요해요?
Come and get one.	와서 하나 가져가요.
Pass it to Minji.	민지한테 줘요.

Go get one if you need more. 필요하면 가서 하나 가져가요.

* 유사한 의미로 keep을 활용한다.

** 자료 보관하는 장소에 따라 backpack, cubby를 응용한다.

Vocabulary Corner | Body Parts

1. Body Parts

- head (머리), hair (머리카락), shoulder (어깨)
- arm (팔), hand (손), elbow (팔꿈치), wrist (팔목)
- chest (가슴), stomach (배), bottom (엉덩이), hips (허리께)
- leg (다리), knee (무릎), ankle (발목), foot/feet (발)

2. Face

- eye (눈), eyeball (안구), eyebrow (눈썹), eyelash (속눈썹), eyelid (눈꺼풀)
- forehead (이마), cheek (볼), chin (턱), neck (목)
- nose (코), ear (귀), mouth (입), lips (입술), tooth/teeth (이)

3. Hand & Feet

- finger (손가락), fingernail (손톱)
- thumb (엄지), forefinger (검지), middle finger (중지), ring finger (무명지), little finger (약지)
- toe (발가락), toenail (발톱)

4. Hair

- straight hair (생머리), curly hair (곱슬머리), pony tail(하나로 묶은 머리), braided hair (땋은 머리), bobbed hair (단발머리)
- long hair (긴머리), short hair (짧은 머리), shoulder length hair(어깨 정도 길이 머리)

Common Mistakes | Grammatical Errors

영어 문장에서 무의식적으로 목적어, 특히 대명사 형태의 목적어가 자주 생략된다. 아래의 예를 잘 살펴보고 자주 하는 실수에 표시를 하고 표현을 연습해 보자.

Original Sentence	Correction	V
Circle.	Circle it.	
Write here.	Write it here.	
Put here.	Put it here.	
Next time, we will do again.	Next time, we will do it again.	

a(an), the 등의 관사는 한국어에서 사용하지 않기 때문에 특히 언제 붙여야 하는지 영어를 오래 배운 사람에게도 쉽지 않다. 외국인에게 언제 a(an)를 사용하고 언제 the를 사용하는지 물어보면 "Just because."라는 답을 하기 일쑤이다. 특정하지 않은 것 중의 하나를 의미할 때는 a(an)를 사용하고, 이미 등장했던 대상이나 특정한 것을 지칭하는 명사 앞에는 the를 사용한다고 알고 있지만, 주로 관용적으로 사용되므로 자주 사용하는 표현 속에서 자연스럽게 익히는 것이 좋다. 아래의 예를 잘 살펴보고 자주 하는 실수에 표시를 하고 표현을 연습해 보자.

Original Sentence	Correction	V
Do you know ABC song?	Do you know the ABC song?	
It's a blue.	It's blue.	
Get book.	Get a book.	
Minji, get pen.	Minji, get a pen.	
Which is big one?	Which is the big one?	

Sing Along | One Little Finger

One Little Finger

가사와 율동

One little finger, one little finger,
    양쪽 검지를 하나씩 세운다.
One little finger, tap, tap, tap.
    양 검지를 좌우로 흔들다가 서로 부딪힌다.
Point to the ceiling.
    한 검지로 천정을 가리킨 후
Point to the floor.
    바닥을 가리킨다.
Put it on your head*.
    한 검지를 머리 위에 올려놓는다.

(1-5까지 손가락 숫자를 늘려간다.)

Two little fingers, two little fingers,
Two little fingers, tap, tap, tap.
Point to the ceiling**. Point to the floor.
Put them on your head.

·
·
·

Five little fingers, five little fingers,
Five little fingers, clap, clap, clap.
Point to the ceiling. Point to the floor.
Put them on your head.

▶ 손가락의 수를 늘려가면서 수, 신체와 관련된 개념을 익힐 수 있는 노래이다. 교실 환경 중에 어린이들이 알아야 할 사물이나 수업내용 중에 다루는 주요핵심 단어를 넣어 노래를 부른다.

* Put it on your head → Put it on your nose (mouth, ears, eyes, shoulders, knees etc.)

** the ceiling → the chair, the desk (교실에 있는 사물)
→ the letter A, B, C (알파벳 포스터)
→ Minji, Youngjae (이름)
→ the police officer, the doctor (그림자료)

Chapter 7 Teaching Language Skills

1. Listening
2. Speaking
3. Reading
4. Writing

Vocabulary Corner: School Staff and Subjects

Common Mistakes: Grammatical Errors

Sing Along: "CVC Song"

chapter 07 Teaching Language Skills

Key Expressions

Are you ready to listen?

Listen to what I say.

Let's listen on the Internet.

What is the beginning sound?

What do you call it?

How would you read this word?

What letter does it start with?

Write the words that begin with the letter S.

Can you copy the sentences from the board?

Start the letter at the top of the line.

01 Listening

어린이가 언어 습득을 하는 데 있어 가장 기초적인 능력은 듣기이다. 교사는 빅북, 융판 자료, 인터넷 등 다양한 교수자료를 활용하여 이야기를 들려줌으로써 어린이들의 듣기 능력이 자연스럽게 발달될 수 있도록 한다.

1) 듣기활동 일반 지시문

Are you ready to listen?	들을 준비 됐어요?
Listen to what I say.	내가 말하는 것을 들어요.
Can you hear me?	내 목소리가 들려요?
Listen again*.	다시 들어봐요.
What does it say?	뭐라고 말했어요?
Can you hear the sound**?	소리를 들을 수 있어요?
What do you hear?	무엇이 들려요?
Let's listen to her.	그녀의 말을 들어봐요.
Did you listen carefully?	주의 깊게 들었어요?
Did you enjoy the story?	이야기가 재밌었어요?

* 동일한 의미로 one more time, once more를 활용한다.
** 매체에 따라 music, TV, radio를 응용한다.

2) 듣고 지시 따라하기

Where is an orange?	오렌지가 어디 있어요?
Point to the letter B.	알파벳 B를 가리켜 봐요.
Draw a blue triangle around the orange.	오렌지에 파란색으로 삼각형을 그리세요.
Show me the book.	책을 보여줘요.
When you hear the word "little", clap your hands*.	"little"이란 단어를 들으면 손뼉을 치세요.

* 활동 지시를 stomp your feet, tap your toes, nod your head 등으로 응용한다.

3) 자료 듣기

Let's listen to the tape.	테입을 들어 봐요.
Let's listen to the CD.	CD를 들어 봐요.
Let's listen on the Internet.	인터넷으로 들어 봐요.
Let's watch a movie.	영화를 봐요.
Let's watch a video clip.	비디오 장면을 봐요.

4) 음운인식

Listen to the sounds.	글자의 소리를 들어 봐요.
Listen to the words.	단어를 들어 봐요.
Are they the same or different?	같아요? 달라요?
How many sounds did you hear?	몇 개의 소리가 들렸나요?
What is the beginning* sound?	첫 소리가 무엇이에요?
Do they rhyme**?	그들이 음운이에요?
What word rhymes with hop?	hop와 같은 음운인 단어는 무엇인가요?
Mop rhymes with hop.	Hop과 Mop은 같은 음운이에요.

* 사운드의 부분에 따라 beginning, middle, ending을 응용한다.
** rhyme(라임)이란 같은 음이 반복되는 음운을 말한다.

02 Speaking

영어에 익숙하지 않은 환경에서 영어로 말을 하기는 매우 어렵고 부담스러운 일이다. 억지로 영어를 말하도록 강요하기보다는 모든 것을 영어로 말하지는 못하더라도, 주요한 표현을 자연스럽게 다양한 문장 안에서 반복시켜 줌으로써 그 시간에 익힌 표현을 사용할 수 있도록 환경을 조성하여 주는 것이 중요하다.

1) 말하기활동 읽기 지시문

Name the picture.	무슨 그림인지 말해 보세요.
What is this called?	이것을 무엇이라 부르세요?
Do you know its name?	이것의 이름을 알아요?
What do you call it?	이것을 무엇이라고 부르나요?
Tell me the name of the picture.	그림의 이름을 말해 주세요.

2) 볼륨, 속도 조절하기

I can't hear you.	잘 안 들려요.
Speak slowly.	천천히 말하세요.
Speak clearly.	분명하게 말하세요.
Speak up*.	더 크게 말해요.
Don't shout.	소리치지 말아요.
Can you say it again?	다시 말해줄 수 있어요?
Can you repeat that?	되풀이해서 말해 줄래요?
What did you say?	뭐라고 했나요?

* 동일한 표현으로 "Speak louder."를 활용한다.

3) 짝 활동하기

Talk in pairs*.	짝끼리 말해요.
Youngju, ask Minji how she feels.	영주, 민지에게 기분이 어떤지 물어 봐요.
Youngju, how does she feel?	영주, 그녀 기분이 어떤가요?
Practice with your partner.	짝과 함께 연습해 봐요.

* 유사한 표현으로 "Work in pairs."도 쓸 수 있다.

4) 역할놀이

It's time for role-playing.	역할극을 할 시간이에요.
We are going to role-play.	역할극을 할 거예요.
Speak as if you were a gingerbread man*.	Gingerbread man인 것처럼 말해봐요.
Pretend that you are sleeping.	잠을 자고 있는 척 해봐요.
Pretend that you are a bear.	곰인 척 해봐요.
Pretend that you are tired.	피곤한 척 해봐요.
Walk like a monkey.	원숭이처럼 걸어 봐요.
Who wants to be the farmer?	누가 농부가 될래요?
Minji will be the farmer.	민지가 농부가 될 거예요.
Which role are you going to take?	어떤 역할을 하고 싶어요?
Say, "Give me some water."	"물을 주세요." 라고 말해요.
Stand here.	여기에 서요.

* 등장 인물에 따라 bear, farmer, monkey 등으로 응용한다.

03 Reading

읽기의 초기 단계는 글자와 소리를 연계 짓는 것으로 시작된다. 어린이들은 읽기가 단순한 암기 연습이 아닌 흥미있는 활동으로 소개될 때 보다 적극적으로 참여한다.

1) 읽기활동 일반 지시문

Let me read it first.	내가 먼저 읽을게요.
Let's read it together.	다같이 읽어 봐요.
Who wants to read?	누가 읽을래요?
Good job reading.	잘 읽었어요.
How would you read this word?	이 단어를 어떻게 읽을까요?
How would you say it?	이것을 어떻게 말할까요?
Sound it out.	소리내 보세요.
I'm going to read the story.	내가 이야기를 읽을 거예요.
Listen to the story.	이야기를 들어요.
Did you like the story?	이야기가 좋았어요?

2) Phonics_1

This is A.	이것은 A예요.
Circle the big* letter L.	대문자 L에 동그라미 하세요.
Match the letters.	글자를 맞추어 봐요.
What is the name of this letter?	이 글자의 이름이 무엇인가요?
What is the beginning letter of lion?	Lion의 첫 번째 글자가 무엇인가요?
What letter does it start with?	무슨 글자로 시작하나요?
What letter makes /m/ sound?	/m/소리가 나는 글자는 무엇인가요?
Write the letter that makes /m/ sound.	/m/소리가 나는 글자를 써봐요.
What sound does the letter B make?	글자 B가 무슨 소리를 내요?

* 대소문자를 표현하는 방법으로 big/little, uppercase/lowercase가 있다.

3) Phonics_2

Write the words that begin with the letter S.	S로 시작하는 단어들을 써봐요.
What is the beginning sound of this word?	이 단어의 첫소리가 무엇이에요?
What does it say?	뭐라고 말했어요?
Who can read this word?	누가 이 단어를 읽어 볼 수 있어요?
What beginning sound do you hear?	들리는 첫소리가 무엇이에요?
Do they rhyme?	그들이 라임(음운)인가요?
How many words are in this sentence?	이 문장에 몇 단어가 있어요?
Find the words that have /a/ sound.	/a/ 소리가 나는 단어들을 찾아봐요.
What vowel sound do you hear in the word pan?	pan에서 몇 개의 모음 소리가 들려요?
How many syllables does this word have?	몇 개의 음절이 있어요?

04 Writing

어린이들은 발달적으로 읽기가 먼저 이루어지면서 쓰기가 발달되기 시작한다. 어린이들은 발달적으로 추상적인 단어를 이해하는 것이 어렵기 때문에 의미있는 활동안에서 쓰기가 함께 진행되는 것이 효과적이다. 다른 사람이 써 놓은 글씨보다 자기가 만들어 본 글자를 보다 쉽게 이해하는 어린이들에겐 따라쓰기만을 강요하기보다는 그림과 함께 자신의 생각을 표현해 보는 저널쓰기 활동을 해볼 수 있다 (글자 → 단어 → 한 문장).

1) 쓰기활동 일반 지시문

Now, let's do some writing.	이제 쓰기를 해보자.
Let's write.	함께 글씨를 써보자.
Trace the letters.	글자를 베껴요.
Copy the word.	단어를 옮겨 적어요.
Write the word.	단어를 쓰세요.
Watch how I write the word.	내가 단어를 어떻게 쓰는지 봐요.
Watch me write the letter A.	내가 글자 A 쓰는 걸 봐요.
Can you copy the sentences from the board?	보드에 써 있는 문장들을 옮겨 적을 수 있어요?
Write down what's on the board.	보드에 있는 것을 쓰세요.
Copy what's on the board.	보드에 있는 것을 베껴요.
Read while you are copying.	베껴 쓰는 동안 읽어봐요.
Can you erase this word?	이 단어를 지워줄 수 있어요?
Write the missing letter to complete the word.	빠진 글자를 써서 단어를 완성하세요.
Please write neatly.	반듯하게 글씨를 써봐요.
Your handwriting is good.	글씨체가 보기 좋아요.
Is this letter O or C?	이 글자는 O인가요, C인가요?

2) 쓰기 준비하기

What do you need?	무엇이 필요해요?
Get a pencil and a piece of paper.	연필과 종이를 가져요.
Do you have a pencil?	연필이 있어요?
Do you need a piece of paper?	종이가 필요해요?
Where is your notebook?	공책이 어디에 있어요?
Hold the pencil like this.	연필을 이렇게 잡아요.

Write slowly.	천천히 쓰세요.
Don't rush.	서두르지 말아요.
Take your time.	천천히 해요.
Do it slowly.	천천히 해요.

3) 쓰기

Look at the lines.	줄을 보세요.
Start the letter at the top* of the line.	맨 윗줄에서 글자를 시작해요.
Don't cross the line.	선을 넘지 말아요.
Stay between the lines.	줄 안에 써요.
Write it on the line.	줄에 맞춰서 써요.
Write the letter bigger.	글자를 좀 더 크게 써요.
You need more space between the words.	단어 사이에 띄어쓰기가 필요해요.
You need a comma** here.	여기에 쉼표가 있어야 해요.

* 부분에 따라 top, middle, bottom으로 응용한다.

** 부호의 기능에 따라 period, question mark, exclamation mark를 응용한다.

4) 쓰기 확장활동

Find a word to complete the sentence.	단어를 찾아 문장을 완성하세요.
Fill in the blank./Fill the blanks.	빈칸을 채워요.
Look at the picture and write the name of the animal.	그림을 보고, 동물의 이름을 쓰세요.
Look at the picture and write what you see.	그림을 보고 보이는 것을 쓰세요.

Can you think of anything else to write?	더 쓰고 싶은 것이 있어요?
What would you like to write about?	무엇에 관해 쓰고 싶어요?

Vocabulary Corner | School Staff and Subjects

1. Teachers

- homeroom teacher (담임교사)
- teaching assistant/teacher assistant(TA) (보조교사)

2. Staff

- director (이사장)
- principal (원장/교장)
- assistant principal (부원장/원감)
- academic coordinator (교수부장)
- office manager, office clerk (서무)
- janitor (수위/사무장)
- chef (조리사)
- shuttle bus driver (셔틀버스 기사)

3. Subjects

- language arts (언어)
- math (수학)
- science (과학)
- art (미술)
- music (음악)
- theater arts (동극/연극)
- physical education (신체활동/체육)
- social studies (사회)
- cooking (요리)

Common Mistakes | Grammatical Errors

오늘 기분이 어떤가 해서 외국인 친구에게 이렇게 물었습니다. "Are you exciting?" 친구는 대답 대신 고개를 돌려 다시 저를 쳐다보았지요. '뭐가 잘못 됐다는 거지?'

표현하고자 하는 것은 그런 뜻이 아니었지만 이렇게 잘못 전달되는 경우가 많다. 아래의 예를 잘 살펴보고 자주 하는 실수에 표시를 하고 표현을 연습해 보자.

Original Sentence	Correction	V
Look at the window. 창문을 보자.	Look out the window. 창문 밖을 보자.	
Is this rainy? 이것은 비가 오는 모습이니?	Is it rainy? 비가 오니?	
Let's talk about feeling. 만지는 것에 대해서 이야기 나누자.	Let's talk about feelings. 감정에 대해서 이야기 나누자.	
I am exciting. 나는 사람을 흥분하게 한다.	I am excited. 나는 신난다.	
Are you exciting? 너는 사람을 흥분하게 만드니?	Are you excited? 너는 신이 나니?	
Find the letter seven. 글자 "칠"을 찾아봐라.	Find the number seven. 번호 "칠"을 찾아봐라.	
What date of the week is it? 이번 주의 날짜는 무엇일까?	What day of the week is it? 무슨 요일이니?	

Sing Along | CVC Song

CVC Song

(Tune: Twinkle, Twinkle Little Star)

Listen, listen to my word.
Tell me all the sounds you heard.
/Cat/
/c/ is one sound, /a/ is two
/t/ is the last in the word /Cat/
Listen, listen to my word.
Tell me all the sounds you heard.

CVC(자음-모음-자음)는 파닉스 수업에서 단모음을 다룰 때 가장 많이 등장하는 패턴이다. 유아 수준에서 모음과 관련된 파닉스가 단모음을 이해하는 것과 장모음을 소개하는 것을 감안한다면 아주 유용하게 활용될 수 있는 노래이다. 다음은 각 모음별 대표적인 CVC 단어 모음으로 단어카드로 만들어서 수업에 활용할 수 있다.

〈유아에게 적합한 CVC 단어〉

a	e	i	o	u
can	ten	six	top	bus
jam	net	hit	fox	cup
hat	web	pig	dog	gum
dad	bed	zip	mop	cut
map	jet	fin	pot	rug
bag	hen	kit	log	run

Chapter 8 Subjects Ⅰ

1. Language Arts
2. Social Studies
3. Cooking
4. Creative Arts
5. Music
6. Group Activity

Vocabulary Corner: Centers Ⅰ

Common Mistakes: Grammatical Errors

Think About It: Konglish or English?

chapter 08 Subjects I

Key Expressions

Who is the author?

This story/poem is about a dinosaur.

Who is your favorite character?

What will happen next?

What does he do?

What do we need to make fruit salad?

How does it taste?

Let's sing as fast as we can.

Get a partner.

I'll divide the class into five teams.

01 Language Arts

어린이들은 그들이 경험한 것을 언어로 표현하는 것을 즐긴다. 따라서 교사는 동화 듣기, 이야기 나누기, 역할극 하기, 미니북 만들기, 작가가 되어보기 등의 다양한 언어활동을 통해 어린이들의 언어 습득이 자연스럽게 이루어질 수 있도록 지도한다.

1) 동화책 소개하기

Look at the cover of the book.	책의 겉표지를 봐요.
Who is the author*?	저자가 누구에요?
The author is Eric Carle.	저자는 Eric Carle이에요.
What do you see?	무엇이 보여요?
What do you think this book is about?	이 책은 무엇에 대한 것이라고 생각해요?
This story/poem is about _______.	이 이야기/시는 ______에 관한 것이에요.
Do you think the book is about wild animals?	이 책이 야생 동물에 관련된 책이라고 생각하나요?
Listen to the story**.	이야기를 들어봐요.
Look and listen carefully.	보면서 잘 들어봐요.
Did you like the story?	이야기가 재밌었어요?
Let's look at the pictures.	그림을 보자.
What do you see?	무엇이 보여요?
Can you tell me what you see?	무엇이 보이는지 말할 수 있어요?
Let's find the pictures.	그림들을 찾아보자.
Listen carefully.	잘 들어봐요.
Find the lion.	사자를 찾아봐요.

* 그외에 illustrator, writer도 물어볼 수 있다.

** 활동에 따라 poem, song으로 응용한다.

2) 읽고 이해하기

How many characters are in the story?	이야기에 몇 명의 등장인물이 있어요?
Can you name the characters?	등장인물의 이름을 말할 수 있어요?

Who is in this story?	이야기에 누가 나와요?
Who is the main character in the story?	누가 주인공이에요?
Who is your favorite character?	좋아하는 등장인물이 누구예요?
What is the story about?	무엇에 관한 이야기예요?
Where does the story take place?	이야기가 어디서 일어났어요?
When does the story take place?	이야기가 언제 일어났어요?
What is the problem?	문제가 무엇이에요?
What happened first*?	처음에 무슨 일이 일어났어요?
What will happen next?	그 다음에 무슨 일이 일어날까요?
Does anyone want to guess?	누가 추측할 수 있어요?
What was your favorite part of the story?	이야기의 어떤 부분을 좋아해요?
Which part of the story did you like the best?	이야기의 어떤 부분을 제일 좋아해요?

* 스토리의 부분에 따라 first, next, last, in the end를 응용한다.

02 Social Studies

주위 환경 및 사람과의 교류 관계 속에서 형성되는 사회성은 훗날 개인의 사회생활에 기초가 된다. 어린이들의 사회성 발달은 유아기 또래집단과 어울리기 시작하면서 사회 구성원으로 발전되어 간다. 특히, 어린이는 자기중심적으로 생각하기 때문에 '나'와 관련된 활동에서부터 가족, 이웃, 우리 동네 등으로 수업 내용을 확장해 나간다.

1) 나와 가족과 관련된 질문

When is your birthday?	생일이 언제예요?
When were you born?	언제 태어났어요?
How old are you?	몇 살이에요?
What do you do on your birthday?	생일에 무엇을 해요?
What do you like to do on your birthday?	생일에 무엇을 하고 싶어요?
How many people are in your family?	가족이 몇 명이에요?
Do you live with your grandparents?	조부모님들과 같이 살아요?

2) 주거와 관련된 질문

Where do you live?	어디에 살아요?
Do you live in an apartment*?	아파트에서 살아요?
How many rooms does your house have?	집에 방이 몇 개 있어요?
Do you have your own room?	자신의 방이 있어요?
Do you sleep in a bed**?	침대에서 잠을 자나요?
Do you share a room with your brother?	형/동생과 방을 같이 써요?
Point to the map on the wall.	벽에 있는 지도를 가리키세요.
Can you find where you live on the map?	어디서 사는지 지도에서 찾아볼 수 있어요?

* 집의 종류에 따라 townhouse, condominium, penthouse, studio를 응용한다.

** 장소에 따라 on the floor를 응용한다.

3) 직업, 특별한 날과 관련된 질문

What does he do?	그의 직업이 무엇이에요?

What is his job?	그의 직업이 무엇이에요?
Where does she work?	그녀는 어디서 일하나요?
Do they need any special tools*?	그들에게 어떤 특별한 도구가 필요하나요?
What kind of tools do they need?	어떤 도구가 필요해요?
Who uses scissors?	누가 가위를 써요?
When is Christmas**?	크리스마스가 언제예요?
What do people do on New Year's Day?	설날에 사람들이 무엇을 해요?
What do people eat on Chusok?	추석에 사람들이 무엇을 먹어요?

* 특별한 동력이 필요한 경우는 machine, 그렇지 않은 경우는 tool로 구분한다.

** 특별한 날인 Halloween, Thanksgiving, Valentine's Day를 활용한다.

03 Cooking

요리 활동은 유아들에게 외국어 학습에 대한 내재적 동기를 부여할 뿐만 아니라, 수 · 과학 개념을 동시에 익힐 수 있도록 한다. 따라서 어린이는 요리 과정에서 사용되는 필요한 재료와 활동 방법과 관련된 언어 표현을 자연스럽게 익힐 수 있다.

1) 요리 소개하기

We are going to make fruit salad.	과일 샐러드를 만들 거예요.
Let's make a frozen banana.	얼린 바나나를 만들어 봅시다.
What do we need to make fruit salad?	과일 샐러드를 만들려면 무엇이 필요해요?
What ingredients do we need for fruit salad?	과일 샐러드를 만들려면 어떤 재료가 필요해요?

Listen carefully while I read the recipe.	요리법 읽는 동안 잘 들어보세요.
Let's read the recipe together.	요리법을 같이 읽어 봅시다.
What do we do first*?	처음에 무엇을 해요?

* 요리 단계에 따라 first, second, third, last로 활용한다.

2) 요리활동

Look at what I'm doing.	내가 무엇을 하는지 잘 봐요.
Mix it (up).	섞어요.
Stir it (up).	휘저어요.
Cut it.	잘라요.
Add some yogurt.	요구르트를 넣어요.
Put the fruit in the bowl.	과일을 그릇에 담아요.
Wait five minutes.	5분 동안 기다려요.
What will happen if I heat it up?	만일 열을 가하면 어떤 일이 생길까요?
How does it taste*?	맛이 어때요?
What sound do you hear?	무슨 소리가 들리나요?

* 음식의 특징에 따라 feel, taste, smell, look를 응용한다.

3) 도구 및 재료 다루기

Wash your hands.	손을 씻어요.
Put on your hat.	모자를 써요.
It's time to clean up.	정리할 시간이에요.
Step back.	뒤로 물러나요.
Move back a little.	뒤로 조금 움직여요.

Don't stand too close.	너무 가까이 있지 말아요.
Be careful with the knife.	칼을 조심해요.
Stay away from the fire.	불에서 멀리 있어야 돼요.
It is sharp.	이것은 날카로워요.

* 도구 및 음식의 특징에 따라 sharp, hot, dangerous를 응용한다.

04 Creative Arts

교사는 어린이들이 다양한 재료로 만들기, 꾸미기 및 그리기를 창의적으로 표현할 수 있도록 격려하여 자신의 생각 및 느낌을 그림 또는 조형물로 구성하도록 한다.

1) 조형 활동하기

Draw a picture of a cat.	고양이를 그려요.
Draw a cat on the paper.	종이에 고양이를 그려요.
Color the apple red.	사과를 빨간색으로 칠해요.
Use pencils.	연필을 사용해요.
Cut the paper on the dotted lines.	종이에 있는 점선 부분을 잘라요.
Cut it out with scissors.	가위로 잘라내요.
Fold the paper like this.	종이를 이렇게 접어요.
Fold the paper in half.	종이를 반으로 접어요.
Who can bring me the glue?	누가 풀을 가져다줄래요?
Glue these together.	이것을 같이 붙여요.
Glue the pieces together.	조각들을 붙여요.
Put them together.	이것들을 함께 붙이세요.

Make a dinosaur with clay.	찰흙으로 공룡을 만들어요.
Roll the clay like this.	찰흙을 이렇게 굴려요.
Be careful with paint. It will stain your clothes.	물감을 주의해요. 옷에 얼룩질 수 있어요.
Don't get any paint on the floor.	바닥에 페인트를 묻히지 마세요.

2) 도구 및 재료 다루기

It's time to clean up.	정리할 시간이에요.
Put the pencils away.	연필 치우세요.
Put the lid on the glue.	풀 뚜껑을 덮어요.
Throw the trash away.	쓰레기를 버려요.
Let's put the clay back in the container.	찰흙을 통에 다시 넣어요.
Squeeze the clay.	찰흙을 짜요.

05 Music

노래 부르기와 손유희 활동은 주의집중에 효과가 있을 뿐만 아니라 어린이가 가장 즐겨하는 활동이고, 자신감을 기르기에 적합한 활동이다. 노래를 배울 때 사용할 수 있는 표현이다. 즉, 노래를 듣고 음을 익히고, 가사를 익혀보고 율동을 해보는 등의 다양한 문장을 살펴보자.

1) 노래부르기

Let's sing* together.	함께 노래를 불러보자.
Let's sing the ABC Song.	ABC 노래를 불러보자.

Listen to the music.	음악을 들어봐요.
What song do you want to sing?	무슨 노래를 부르고 싶어요?
Don't sing the words.	가사를 부르지 말고 음만 따라 불러요.
Let's sing as fast** as we can.	우리가 할 수 있는 한 노래를 빨리 불러봐요.

* 활동에 따라 hum으로 활용한다.
** 노래를 부르는 속도 및 크기에 따라 slowly, loudly, quietly로 응용한다.

2) 율동, 동작하기

Let's sing with motions.	노래와 함께 율동을 해보자.
Let's clap*.	박수치자.
Clap to the rhythm.	리듬에 맞춰 박수를 쳐요.
Watch me.	나를 봐요.
Do what I do.	내가 하는대로 해요.
Follow me.	나를 따라해요.
Move your arms** like this.	팔을 이렇게 움직여 봐요.
Move a little faster***.	조금 더 빨리 움직이세요.

* 율동을 할 경우에는 dance라고 표현한다.
** 신체 부위에 따라 head, legs, toes를 활용한다.
*** 율동의 속도에 따라 faster, slower라고 응용한다.

06 Group Activity

그룹활동시 어린이들은 또래와의 상호작용을 통해 사회적, 도덕적 가치를 형성한다. 그룹활동을 통해 어린이는 자기중심적인 사고에서 벗어나 자율성 및 의사소통 능력을 기르게 된다.

1) 짝활동

Get into pairs.	둘씩 짝을 지어요.
Work in pairs.	둘씩 작업해요.
Get a partner.	짝을 지어요.
I want you to work in pairs.	나는 여러분이 둘씩 작업하기 원해요.
Work together with your partner.	짝과 함께 작업을 해요.
Change* your partner.	짝을 바꿔요.

* 동일한 의미로 trade, switch를 활용한다.

2) 그룹활동

Let's make five groups.	우리 5그룹으로 만들어 봐요.
Let's make groups of four.	우리 4명씩 그룹을 만들어 봐요.
Get into groups of four.	4명씩 그룹을 지어요.
Each team should have four members.	각 팀에 4명씩 있어야 해요.
I'll divide the class into five teams.	우리 반을 5팀으로 나눌 거예요.
This half is team A.	이쪽 반은 A팀이에요.
The rest of the class is team B.	이 반의 나머지는 B팀이에요.
These five students are team C.	이 다섯명은 C팀이에요.
These two rows are team D.	이 두 줄은 D팀이에요.
The others are team E.	나머지들은 E팀이에요.
Only the boys* will sing.	남자 어린이들만 노래할 거예요.
You are on the F team.	여러분은 F팀이에요.
Change teams.	팀을 바꿔요.

* 그룹을 성별에 따라 나누고자 할때 girls, boys and girls로 바꿔 활용할 수 있다.

Vocabulary Corner | Centers Ⅰ

1. Language Arts Centers (언어 영역)

- Reading (읽기):

  book (책), bookshelf (책꽂이)

  area rug (영역 카페트), bean bag (빈백), cushion (쿠션), stuffed animal (봉제완구)

- Writing (쓰기):

  lined paper (괘선지), pencil (연필), colored pencil (색연필), stencil (스텐실), eraser (지우개)

  dictionary (사전), word card (단어카드), picture card (그림카드)

2. Art Centers (미술 영역)

- drawing paper (도화지), easel (이젤), glue (풀), marker (마커펜), crayon (크레파스), water colors (물감), paint brushes (붓)
- other art materials: dried pasta (파스타), paper plates (종이접시)

3. Dramatic Plays (역할놀이 영역)

- doll house (인형집), doll (인형), puppet (손인형), puppet theater (인형극장), action figure (캐릭터 인형)
- stove (스토브), sink (싱크대), refrigerator (냉장고), cupboard (찬장)
- costume (의상) cape (망토), astronaut suit (우주복), lab coat (의사 가운), nurse uniform (간호사 가운), firefighter suit (소방복), police uniform(경찰복)

Common Mistakes | Grammatical Errors

해석을 해보면 말이 되는 것 같은데 영어표현으로 잘못된 것들이 있다. 생활영어뿐 아니라 교실 영어에서도 자주하게 되는 실수 중에는 어순을 바꾸거나, 필요없는 표현을 덧붙이거나 필요한 관사, 대명사 등을 빠뜨리는 경우가 있다. 아래의 예를 잘 살펴보고 자주 범하는 실수에 표시를 하고 표현을 연습해 보자.

Original Sentence	Corrected Sentence	V
Open journal page three.	Open your journal to page three.	
Open your book to seven.	Open your book to page seven.	
What day today?	What day is it today?	
What day of the week is?	What day of the week is it?	
What of the week is it?	What day of the week is it?	
Let's circle around the letter A.	Let's draw a circle around the letter A.	
Find a picture letter E.	Find the letter E.	
Can you make me sound C?	Can you make the C sound?	
Draw a circle around there are three chairs.	Draw a circle around three chairs.	
What is the day?	What day is it?	
Find picture sunny.	Find sunny.	
Draw a circle grandma.	Draw a circle around grandma.	
Star around brother.	Draw a star around brother.	
Who wants come up here?	Who wants to come up here?	
Go back your seat.	Go back to your seat.	
B group, chair back.	B group, put your chairs back.	
Around circle dogs.	Draw a circle around the dogs.	

Think About It | Konglish or English?

교실에서 사용하는 여러 가지 것들 중에서 '이건 영어로 뭐라고 할까?' 하고 고민되는 것들이 있다. 그 중에서도 특히 미술영역이나 언어영역에서 수시로 사용하는 각종 필기류는 뭐라고 부르는지 고민된다. 네임펜, 싸인펜, 보드마커 등 잉크로 나오는 펜은 두께에 상관없이 모두 마커(Marker)라고 부른다.

그럼 색연필 종류는 어떻게 부르면 될까? 우리나라에서는 돌려서 쓰는 것과 깎아서 쓰는 색연필 모두를 색연필이라고 부르는데 외국에서는 명칭이 조금 다르다. 왁스가 들어간 연필은 Crayon이라 부르고, 깎아서 쓰는 색연필은 Colored Pencil이라 부른다. 그렇다면 크레파스는 어떨까? 크레파스는 우리나라에만 있는 것으로 그냥 크레파스라고 부를 수 있다.

다음에 있는 것들의 차이점은 무엇일까?

pen pencil colored pencil marker
crayon pastel mechanical pencil

Korean	English	Korean	English
풀	glue	도화지	construction paper
색종이	colored paper	볼펜	ball-point pen
뽕뽕이	pompom	스카치테이프	clear tape, "Scotch" tape
찍찍이	velcro	호치키스	stapler
핸드폰	cellular (mobile) phone	공책, 노트	notebook
비닐봉지,쇼핑백	plastic bag,paper bag	돈가스,비프가스	breaded pork cutlet breaded beef cutlet
탄산음료	soda pop	전자레인지	microwave oven
스탠드	desk lamp	코팅	laminating
일회용 밴드 붕대	band aid bandage	수정액 수정테이프	correction pen/fluid correction tape
헤어 드라이어	hair dryer	샤프	mechanical pencil
리모컨	remote control	에어컨	air conditioner
미용실	beauty shop,hair salon	슈퍼	supermarket
운동복	jogging suit	믹서기	blender
명함	business card	선글라스	sunglasses
썬탠크림	suntan lotion tanning cream	선크림	sunblock sunscreen

Chapter 9 Subjects II

1. Science
2. Math
3. Games
4. Physical Education
5. Outdoor Play

Vocabulary Corner: Playground & P.E. Equipment

Common Mistakes: Grammatical Errors

Think About It: Playground Rules

chapter 09 Subjects II

Key Expressions

What does it look like?

There are five chairs.

Where does it belong?

Listen to what I say.

Look around the room.

Who wants to be it?

Stretch your arms out.

Put your left leg behind you.

Swing on the swings.

It's a very deep hole.

01 Science

어린이는 주변 세계와 일상적 경험을 통해 여러 가지 사물의 특성과 과학적 현상에 대해 흥미를 가지고 탐구하고자 한다. 교사는 일상생활에서 일어나는 자연현상의 관찰 과정 및 실험 과정을 통해 어린이 스스로 과학적 경험을 할 수 있도록 지도한다.

1) 과학활동

What does it look* like?	어떻게 보여요?
What do you see**?	무엇이 보여요?
What comes first***?	제일 처음에 무엇이 올까요?
What do we do next?	다음엔 무엇을 해요?
What happened?	무슨 일이 일어났죠?
Why?	왜요?
Why did it melt****?	왜 녹았어요?
It melted because it was hot.	뜨겁기 때문에 녹았어요.
Draw a picture of what you see.	본 것을 그림으로 그려봐요.
Put the pictures in order.	그림을 순서대로 놓아요.
Find the picture.	그림을 찾아봐요.

* 감각에 따라 look, feel, sound, taste, smell을 활용한다.
** 오감각인 see, feel, hear, taste, smell을 응용한다.
*** 활동 단계에 따라 first, next, last를 응용한다.
**** 사물의 상태에 따라 freeze, dry up을 응용한다.

02 Math

어린이는 수학적 문제 해결력, 탐구력, 추리적인 사고 능력은 물론, 수학적 지식과 기술을 습득하는 것과 수학에 대한 긍정적인 태도 등 수학 학습에 대한 가치를 인식하게 된다. 교사는 어린이가 일상생활에서 보는 사물을 분류 및 비교해 보고, 구체적인 사물을 통하여 논리 · 수학적 사고를 기를 수 있도록 지도한다.

1) 수, 패턴활동

Let's do question number one.	1번 문제를 해보자.
How many chairs* are there?	의자가 몇 개 있어요?
There is one chair.	의자가 하나 있어요.
There are five chairs.	의자 다섯 개가 있어요.
This is a pattern.	이것은 패턴이에요.
What comes next?	다음에 무엇이 올까요?

* 사물에 따라 books, bags, desks 등을 응용한다.

2) 모양, 색활동

What shape is this?	어떤 모양이에요?
This is a triangle*.	삼각형이에요.
What color is this?	무슨 색이에요?
It is red**.	빨간색이에요.

* 사물의 모양에 따라 square, rectangle, diamond, heart, circle 등으로 응용한다.
** 사물의 색깔에 따라 orange, yellow, green, blue, dark blue, purple으로 응용한다.

3) 분류하기

Let's sort the pictures.	사진을 분류해 보자.
Let's categorize the pictures.	사진을 분류해 보자.
Does it belong here?	이것이 여기에 속하나요?
Which one doesn't belong?	어떤 것이 속하지 않나요?
Where does it belong?	이것은 어디에 속해요?
What group does this belong to?	이것은 어떤 그룹에 속해요?

4) 크기, 무게, 길이

How tall* is it?	얼마나 높아요(커요)?
It is 10 centimeters tall.	이것은 10센티미터예요.
What is the height** of this?	높이가 얼마나 돼요?
How much does it weigh?	무게가 얼마나 나가요?
It is 500 grams.	500 그램이에요.

* 사물의 크기, 무게, 길이, 두께에 따라 big, long, thick, wide, heavy로 응용한다.
** 사물의 넓이, 길이, 무게를 width, length, weight로 표현한다.

5) 서열, 비교

Let's compare the size* of these things.	이것들의 사이즈를 비교해 봅시다.
Which one is larger**?	어떤 것이 더 큰가요?
This one is larger.	이것이 더 커요.
This one is larger than that.	이것이 저것보다 더 커요.
Which one is the tallest***?	어떤 것이 제일 높아요?
This one is the tallest.	이것이 제일 높아요.

* 물건의 높이, 무게, 길이를 비교할 때 height, weight, length를 응용한다.
** 물건 2개를 크기, 길이, 무게 등으로 비교할 때는 비교급 larger, smaller, taller, shorter, heavier, lighter, longer를 응용한다.
*** 물건의 크기, 길이, 무게 등의 최상급을 표현하고자 할 때는 largest, smallest, tallest, shortest, heaviest, longest를 응용한다.

03 Games

게임은 또래간에 게임 규칙을 정하고, 지키는 과정 속에서 상호 협동하게 한다. 교사는 어린이들이 자기 중심적인 사고에서 벗어나 탈 중심화에서 벗어날 수 있도록 격려하고 지도한다.

1) Simon Says (사이먼 가라사대)

Let's play a game.	게임을 하자.
Let's play Simon Says.	'Simon Says' 게임을 하자.
Listen to what I say.	내가 말하는 것을 들어요.

When I say, "Simon says, stand up," you need to stand up. When I say, "Stand up," without Simon says, you should not stand up.

If you do, you are out.

Simon says, "Put your hands on your head."

2) Concentration (집중 게임)

Turn two cards over.	두 카드를 뒤집어요.
If the cards match, you get to keep them.	만약 두 카드가 일치하면, 카드를 가져가요.
You get another turn.	한번 더 할 수 있어요.
If the cards don't match, turn both of them over again.	만약 카드가 불일치하면, 두 카드를 다시 뒤집어 놓아요.
You lose your turn.	한번 쉬세요./기회를 잃었네요.
Whose turn is it?	누구 차례예요?
Who is next?	그 다음은 누구예요?

The one who gets the most cards wins.	카드를 가장 많이 가지고 있는 사람이 승자예요.

3) Bingo (빙고)

Let's play a game.	게임을 해봐요.
Let's play BINGO.	빙고 게임을 해요.
Listen to what I say.	내 말을 들어봐요.
If it is on your card, cross it out.	만약 카드에 있으면, X표를 해요.
If it is on your card, place a marker on it.	만약 카드에 있으면 마커로 표시를 해요.
If you get five in a row, raise your hand and say, "Bingo."	만약 한 줄에 5개가 모두 있는 경우, 손을 들고 "빙고"라고 말하세요.
If you get five in a row, you win.	만약 한 줄에 5개가 되면 게임에 이깁니다.

4) I Spy

I'm going to hide the doll.	인형을 감출 거예요.
Close your eyes.	눈을 감아요.
Don't peek.	훔쳐보지 말아요.
Open your eyes.	눈을 떠요.
Where is the doll?	인형이 어딨어요?
Can you see it?	이것이 보여요?
Don't get up.	일어나지 말아요.
Stay where you are.	거기에 가만히 있어요.
Look around the room.	교실을 둘러봐요.
The one who finds it first is the winner.	먼저 찾은 사람이 승자예요.

5) White Duck, Yellow Duck

Hold hands and make a circle.	손을 잡고, 원을 만들어요.
Sit down on the ground.	바닥에 앉아요.
The one who is it walks around the circle.	술래가 원 주위를 돌아 걸어요.
You are it.	네가 술래네.
Tap each child's head and say, "White Duck."	(원을 돌면서) 각 아이들의 머리를 가볍게 치면서 "White Duck."이라고 말해요.
Choose a friend and say, "Yellow Duck."	한 명을 선택해서, "Yellow Duck." 이라고 말해요.
Your friend (the yellow duck) will stand up.	(선택당한) 친구는 일어나요.
You have to run around the circle.	술래는 원 주위를 뛰면서 돌아요.
Your friend (the yellow duck) will run after you.	(선택된) 친구가 술래를 쫓아가요.
Your friend (the yellow duck) will try to catch you.	(선택된 친구는) 술래를 잡으려고 할 거예요.
Try to sit down in your friend's place before your friend catches you.	선택된 친구가 술래를 잡기 전에, 술래는 친구의 자리에 앉아요.
If your friend catches you, you are it again.	만약 친구가 술래를 잡으면, 술래는 다시 술래가 되요.
If your friend doesn't catch you, your friend is it.	만약 친구가 술래를 놓치면, 그 친구가 술래가 돼요.

04 Physical Education

어린이는 신체 움직임을 통해 신체적 발달뿐만 아니라 정신적 · 사회적 · 정서적 발달이 촉진된다. 교사는 어린이들이 신체를 자유롭게 사용함으로써 움직이며 표현할 수 있다는 자신감을 성취하도록 도우며, 신체적 자아를 형성할 수 있도록 도모한다.

1) Relay Race (릴레이 경주)

Sit on the ground.	바닥에 앉아요.
Let's make two teams.	두 팀을 만들어요.
You are a rabbit.	너희들은 토끼예요.
Who is first?	누가 먼저 시작할래요?
Let's have a relay race.	릴레이 게임을 해요.
Stand here.	여기에 서 있으세요.
Run to the tree and back.	나무까지 뛰었다가 돌아와요.
Ready, set, go.	자, 준비, 시작!
Who is the winner?	누가 승자예요?

2) 신체활동

Hold your partner's hands.	짝의 손을 잡아요.
Turn around.	돌아서요.
Face forward.	앞을 봐요.
Move your body* like this.	몸을 이렇게 움직여 봐요.
Move your body a little faster**.	몸을 좀 더 빨리 움직여요.
Walk backward***.	뒤로 걸어요.
Hop**** like a rabbit.	토끼처럼 뛰어요.
Hop around the circle.	원 주위를 뛰어요.
Wave***** your hands.	손을 흔들어 봐요.
Throw****** the ball.	공을 던져요.

* 신체 일부분인 arms, hands, feet, legs, knees, shoulders를 응용한다.
** 반대어로 slower를 활용한다.

*** 반대어로 forward를 활용한다.
**** 움직임에 따라 walk, run, jump, crawl, skip을 응용한다.
***** 손뼉을 치는 행동으로 clap을 활용한다.
****** 공을 던지고, 굴리고, 잡는 놀이에 따라 pass, roll, catch를 활용한다.

3) Hide And Seek (숨바꼭질)

We are going to play hide and seek.	숨바꼭질 놀이를 해요.
Who wants to be it?	누가 술래가 될래요?
If you are it, close your eyes and count to ten.	술래는 눈을 감고, 10을 세요.
Do not peek.	훔쳐보지 말아요.
It's your turn.	네 차례예요.

4) Stretching

Let's stretch.	스트레칭을 해보자.
Stretch your arms out.	팔을 쭉 펴요.
Shake your arms.	팔을 흔드세요.
Bring* your arms up like this.	팔을 이렇게 올려요.
Put your arms down at your side.	팔을 양쪽으로 내려요.
Nod your head.	머리를 끄덕여요.
Turn your head.	머리를 한쪽으로 돌려요.
Raise your right leg up.	오른쪽 다리를 올려요.
Balance on one leg.	한 다리로 균형을 잡아요.
Stand on your left leg**.	왼쪽 다리로 서요.
Bring your feet together.	두 발을 모아요.
Put one leg behind you.	한 다리를 뒤로 놓아요.
Put your left leg behind you.	왼쪽 다리를 뒤로 놓아요.

Cross your legs.	다리를 꼬아요.
Turn around.	돌아요.
Turn to your left.	왼쪽으로 돌아요.
Turn right and go straight.	오른쪽으로 돌아서 똑바로 가세요.
Stomp your feet.	발을 쾅쾅 굴러요.
Do five push-ups***.	팔굽혀 펴기를 다섯 번 해요.
Take a deep breath.	깊이 숨을 쉬어요.
Breath in and out.	숨을 들이마시고 내쉬어요.
Breath through your nose.	코로 숨을 쉬어요.
Breath through your mouth.	입으로 숨을 쉬어요.

* 팔을 사용한 활동 동작으로 fold, unfold, bend를 응용한다.

** 신체 부위에 따라 your right leg, your toes, one foot을 응용한다.

*** 동작에 따라 sit-ups, pull-ups, jumping jacks, knee-bends를 응용한다.

05 Outdoor Play

어린이는 주변 환경에 대한 자발적인 호기심에서 사물을 관찰하고, 탐색하고, 시련을 직접 경험하면서 학습한다. 바깥활동을 통해 어린이들은 능동적으로 참여하고 즐거움을 느낀다. 이때 교사는 교실 밖에서 일어나는 안전사고의 가능성을 항상 염두하고, 그들을 통솔하고 지도한다.

1) 놀이터

Make a line.	줄을 서요.
Can you wait for your friends?	친구들을 기다려 줄 수 있어요?
Don't cut in front of your friends.	친구들 앞으로 끼어들지 마세요.
Don't get too close to the swings.	그네에 너무 가까이 가지 말아요.

You might get hurt.	다칠 수 있어요.
Swing on the swings.	그네를 타요.
Slide down the slide.	미끄럼틀을 타요.
Slide down one at a time.	한번에 한명씩 내려와요.
No pushing.	밀지 말아요.
Slide down feet first.	발부터 먼저 내려와요.
Play on the seesaw.	시소 놀이를 해요.
Ride the seesaw.	시소를 타요.
Play on the monkey bars.	구름사다리를 타요.
Climb the monkey bars.	구름사다리에 올라가요.
Climb up the rope ladder.	줄사다리를 올라가요.
Hold on tight.	꽉 잡아요.
No jumping from up there.	거기 위에서 뛰어내리지 말아요.

2) 모래놀이

Do not throw sand.	모래를 던지지 말아요.
Don't throw sand at your friends.	친구에게 모래를 던지지 말아요.
Keep the sand in the sandbox.	모래상자에 모래를 놔두세요.
Don't put water in the sandbox.	모래상자에 물을 넣지 말아요.
Share the bucket/shovel.	양동이/삽을 함께 사용하세요.
What are you making?	무엇을 만들어요?
It's a very deep hole!	정말 깊은 구멍이네요.
Good job digging.	잘 팠어요.

Vocabulary Corner | Playground & P.E. Equipment

1. Playground (운동장/ 놀이터)

- slide (미끄럼틀), seesaw (시소), jungle gym (정글짐), swing (그네)
- spring ride (흔들목마), circle climber (지구본/ 뺑뺑이틀), chin up bar (철봉)
- monkey bars/overhead ladder (구름 사다리), crawl tunnel (터널), sandbox (모래상자)
- ladder (사다리), rope ladder (줄사다리)

2. P.E. Equipment (신체활동 기구)

- football (英 축구공), soccer ball (美 축구공), basketball (농구공), softball (소프트볼), bowling ball (볼링 공)
- cone (원뿔), hula hoop (훌라후프), jump rope (줄넘기), bat (방망이)
- beanbag (콩주머니), parachute (낙하산)

Common Mistakes | Grammatical Errors

때로는 머릿속에서 생각하는 것과 말하는 것이 다를 때가 있다. 교사들의 잘못된 교실영어 패턴을 보면 익히 알고 있는 것이지만 한국어와의 혼동이나 습관때문에 실수하게 되고, 한 번 한 실수는 굳어지게 된다. 아래의 예를 잘 살펴보고 자주 하는 실수에 표시를 하고 표현을 연습해 보자.

Original Sentence	Corrected Sentence	V
He is name Youngjae.	His name is Youngjae. He is named Youngjae.	
Let's together the ABC song.	Let's sing the ABC song together.	
Can you try?	Will you try?	
Can you find another kind of different animals?	Can you find a different animal?	
How's the feel today?	How do you feel today?	
Find the picture and fish.	Find the picture of the fish.	
You face happy.	Your face looks happy. You look happy.	
There are two cows are there?	There are two cows, aren't there?	
Different is circle.	Circle what is different.	
Are you OK?	Do you understand?	
Chairs back.	Put your chairs back.	
Open the book. Page seven.	Open the book to page 7.	
Boys, stand.	Boys, stand up.	
Minji, pens.	Minji, get the pens.	

Think About It | Playground Rules

바깥놀이는 어린이들이 가장 즐겨하는 놀이 시간 중 하나로 모래놀이장이나 실외기구에서 발생할 수 있는 사고와 위험에 대비해 교사는 항상 주의를 기울여야 한다. 교사는 어린이들에게 수시로 안전한 놀이시설 사용을 위한 규칙을 지도한다.

1. Basic Rules
   - Keep your hands to yourself.
   - Play safely.
     - No throwing.
     - No kicking.
     - No pushing.
     - Play fair. Be a good sport.
   - Tell the teacher if something is broken.
   - Always be nice to everyone.

2. Playground Rules
   - Swings
     - Always sit on the swing. (Don' t stand on it.)
     - Never twist it.
     - Swing by yourself.
     - Never jump out of the swing.
     - Hold on with both hands.
     - Stop the swing before getting off.
   - Slides
     - Go down one person at a time.
     - Always sit down.
     - Go feet first and sit straight.
     - Never go backwards.
     - Slide straight down and walk off immediately at the bottom.
     - Wait for your turn.
     - Don't climb back up the slide.

Unit 3 Managing Affect

Chapter 10 Classroom Management
Chapter 11 Compliments & Encouragement
Chapter 12 Feelings

이번 Unit에서는 기관 혹은 학교에서 일어나는 어린이들 간 갈등상황 및 칭찬과 격려 그리고 교실 운영에 필요한 표현을 중심으로 알아보고자 합니다.

Chapter 10 Classroom Management

1. Classroom Rules
2. Other Rules
3. Problem Solving
4. Positive Attitude

Vocabulary Corner: Centers II

Common Mistakes: /dz/ Sound

Think About It: Classroom Rules

chapter 10 Classroom Management

Key Expressions

We need some rules for our classroom.
Go to the bathroom during the break.
Keep your eyes on the teacher.
Do not push your friends.
What is going on?
I believe it was an accident.
Lying is not good.
Lying is not a good thing to do.
Say nice things to your friends.
Can you share without fighting?
Listen to what others say.

01 Classroom Rules

어린이들은 기관이나 학교에서 사회적 규범을 익힌다. 교사는 규칙이 있음을 인지시키고, 어린이들과 함께 교실 규칙을 정한 후 교실 한 벽면에 붙여 놓아 필요할 때마다 지도한다.

1) 규칙 정하기

Let's make classroom rules together.	다 같이 교실 규칙을 정해요.
We need some rules for our classroom.	우리 교실에서는 규칙들이 필요해요.
What rules should we have?	우리에게 어떤 규칙들이 있어야 할까요?
Any ideas?	좋은 생각이 있어요?
What things shouldn't we do?	우리는 어떤 것들을 하지 말아야 할까요?
What things should we do?	우리는 어떤 것들을 해야 할까요?
Here are some things to remember.	여기 기억해야 할 것이 있어요.
Here is another rule.	여기 또 다른 규칙이 있어요.
What do you think about sharing?	나눔에 대해서 어떻게 생각해요?
What do you think about listening carefully?	경청에 대해 어떻게 생각해요?

2) 교실 규칙 1

Listen carefully.	잘 들어봐요.
Follow directions.	규칙을 잘 따라요.
Do not disturb others who are working.	일할 때 다른 사람들을 방해하지 말아요.
Respect others. Be kind.	타인을 존중하세요. 친절하세요.
Use nice words.	좋은 말을 사용해요.
Do not hit.	때리지 말아요.
Take care of things.	물건을 소중히 해요.
Work and play safely.	안전하게 일하고 놀이해요.

3) 교실 규칙 2

Raise your hands.	손을 들어요.
Work quietly.	조용히 일해요.
Keep your hands and feet to yourself.	손과 발을 제자리에 놓아요.
Do your work.	자신의 일을 해요.
Do not interrupt.	방해하지 말아요.
Listen to the teacher.	선생님의 말을 들어요.
Stay in your seat.	자기 자리에 있어요.

02 Other Rules

교사는 지켜야 할 규칙을 말해줌으로써, 수업 중에 발생할 수 있는 문제나 방해 요소를 사전에 예방한다.

1) 수업시간의 규칙

Go to the bathroom during the break.	쉬는 시간에 화장실에 가요.
Keep your eyes on the teacher.	눈은 선생님을 보세요.
Face the front.	앞을 봐요.

2) 지시하기

Put the books here.	책을 여기에 놓아요.
Close the door.	문을 닫아요.
Turn off the lights.	불을 꺼요.

Don't touch the picture.	그림을 만지지 말아요.
Be careful with the glass.	유리 조심하세요.
Don't throw blocks on the floor.	바닥에 블록을 던지지 말아요.
Don't throw things in the classroom.	교실에서 물건을 던지지 말아요.
Don't write on the table.	테이블 위에 쓰지 말아요.
Cover your mouth when you cough.	기침할 때 입을 가리세요.
Don't run in the classroom.	교실에서 뛰지 말아요.
Don't push your friends.	친구들을 밀지 말아요.
Don't bring toys to school.	학교에 장난감을 가져오지 말아요.
You don't have much time.	시간이 많지 않아요.
Finish your work.	일을 끝내요.

03 Problem Solving

놀이 도중 또래집단과 갈등상황이 종종 일어날 때, 교사는 어린이들과 의견을 나눈다. 서로 갈등의 원인에 대해 생각과 느낌을 상호작용하며 나누면 해결할 수 있게 된다.

1) 또래와의 갈등

What is going on?	무슨 일이에요?
What are you arguing about?	무엇에 대해 싸우고 있어요?
Why are you fighting?	왜 싸우나요?
Can you tell me what happened?	무슨 일인지 말해 줄래요?
I think it was an accident.	나는 이것이 사고였다고 생각해요.
What do you think?	어떻게 생각해요?
Do you think he/she did it on purpose?	그/그녀가 일부러 했다고 생각해요?

It was an accident.	그건 사고였어요.
Minji, can you be more careful next time?	민지, 다음번엔 좀 더 조심할래요?
Say sorry to ○○○.	○○○에게 미안하다고 말해요.
Shake hands.	서로 악수해요.

2) 거짓말하는 상황

Lying is not good.	거짓말은 좋지 않아요.
Be honest.	정직하세요.
Did you hit Minji on purpose?	민지를 고의로 때렸나요?
I know you did not hit Minji on purpose.	나는 네가 민지를 고의로 때리지 않았다는 걸 알아요.
But Minji is hurt now.	그러나 민지는 다쳤어요.
Can you say sorry to Minji?	민지한테 미안하다고 말할 수 있어요?
Please be careful.	제발 조심하세요.

04 Positive Attitude

어린 연령의 유아는 자기중심적인 사고를 갖고 타인과 사회적 관계를 맺는다. 교사는 어린이들이 타인과의 감정과 생각이 다름을 인정하고 배려하여 긍정적인 대인관계 및 태도를 형성할 수 있도록 지도한다.

1) 적절한 상황에서 의사표현하기

Raise your hand(s).	손을 들어요.

Listen to what others say.	다른 사람들이 말하는 걸 들어요.
Wait for your turn to speak.	차례를 기다려서 말해요.
Listen to others when they are speaking.	다른 사람들이 말할 때, 경청하세요.
We are going to use our indoor voices.	우리는 조용한 목소리를 사용할 거예요.
Use your indoor voice.	조용한 목소리를 사용해요.
Speak softly.	부드럽게 말해요.
Speak gently.	다정하게 말해요.
Don't shout. You are not outside.	소리치지 말아요. 밖이 아니에요.

2) 타인과의 관계

Be polite*.	예의 바르게 해요.
Say something nice.	좋은 말을 해요.
Say nice things to your friends.	친구들한테는 좋은 말을 해요.
Use kind words.	친절한 말을 사용해요.
Be a good/nice friend to everyone in the classroom.	교실에서는 모두에게 좋은 친구가 될 수 있도록 해요.
You need to use nice words with others.	다른 사람에게 좋은 말을 사용해야 해요.
Be fair.	공평해야 해요.
Share the blocks with your friends.	블록을 친구들과 함께 써요.
Let's share the crayons.	크레용을 함께 써요.
Can you share without fighting?	싸우지 말고 나눠 쓸래요?
Are you ready to share?	함께 쓸 준비가 됐어요?
You need to learn how to share things.	함께 나눠쓰는 방법을 배워야 해요.
Be helpful to others.	사람들한테 힘이 되어줘야 해요.
Cooperate with others.	사람들과 협동해요.

I want you to help each other. 나는 여러분들이 서로 도와주길 바래요.

* 상대에 따라서 polite 혹은 nice, kind 등의 표현을 사용할 수 있다.

Vocabulary Corner | Centers II

1. Block Centers (블록 영역)

- wooden block (나무 블록), paper block (종이 블록), alphabet block (알파벳 블록), soft block (천 블록), shape block (도형 블록)
- dinosaur (공룡), animal (동물)
- a road mat (도로 매트), car and truck (자동차와 트럭)

2. Motor Skill Centers (조작 영역)

- puzzle (퍼즐), board game (보드게임), roller coaster (롤러코스터)
- marble game (구슬치기), lacing beads (구슬꿰기)

Common Mistakes | /dz/ Sound

유치원 시기의 아이들이 발음하기 어려워하는 것 중 하나는 birds에서와 같은 /dz/ sound이다. 단어의 마지막 소리는 한국어의 종성과 달리 사용되므로 더 혼동되기 쉽다. 이 경우에는 특히 /z/ sound나 한국어의 /ㅈ/ 소리와 비슷하게 발음하기 쉽다. 자음이 정확하게 발음하려는 경우에는 자칫 너무 자음 소리를 의식하여 강조한 나머지 하나의 음절이 아닌 두 음절로 발음하게 된다.

단어	birds
정확한 발음	bɜːdz
잘못된 발음	bɜːz bɜːj bɜːdzʊ

이 경우 효과적으로 발음을 지도하는 방법은 s를 제외한 bird 자체의 발음을 명확하게 한 후에 /dz/ sound를 소개하는 것이다.

seeds hands beads

cards kids

Think About It | Classroom Rules

어린이들과 함께 교실에서 지켜야 하는 약속을 정한다. 어린이가 한국어 혹은 영어로 이야기한 것을 바탕으로 교사가 적절한 문장을 완성하도록 한다. 함께 정한 규칙은 발달 수준에 따라서 어린이들에게 규칙을 그림으로 표현하게 하거나 직접 써보게 한다.

Listen carefully.
Follow directions.
Work quietly.
Do not disturb others who are working.
Respect others. Be kind with your words and actions.
Take care of things.
Work and play safely.
Take care of your friends.
Take care of yourself.
Take care of your school.
No running in the classroom.
No fighting.
Keep your hands, feet, and objects to yourself.

Chapter 11 Compliments & Encouragement

1. Compliments Ⅰ
2. Compliments Ⅱ: Answers
3. Compliments Ⅲ: Worksheets & Homework
4. Encouragement Ⅰ: Improvement
5. Encouragement Ⅱ: Challenge
6. Encouragement Ⅲ: Courage & Lack of Confidence

Vocabulary Corner: Food

Common Mistakes: /s/ & /sh/ Sounds

Sing Along: "Teddy Bear"

chapter 11 Compliments & Encouragement

Key Expressions

That's a good answer.

I like your idea.

It's a beautiful piece of work.

I like the way you've colored.

Keep up the good work.

You are on the right track now.

Let's give him a big hand.

Something is missing here.

Will you try it again?

Give it a try.

01 Compliments I

교사가 적극적으로 반응 및 피드백을 주는 것은 아이들로 하여금 자신감을 갖게 하며, 자신이 존중 받고 있다는 느낌을 심어준다. 단순히 "Okay.", "No."를 쓰는 것보다, 다양하고 풍부하게 표현해 주면 어린이들은 즐거운 마음을 갖게 되고 긍정적 자아상을 길러가게 된다.

Good!
Nice!
Good job!
Well done!
Great job!
Very good!
Excellent!
Perfect!
Brilliant!
Terrific!
Fantastic!

Right!
Correct!
Cool!
Awesome!
Fabulous!
Marvelous!
Outstanding!
That's it!
Impressive!
Unbelievable!
Amazing!

02 Compliments II: Answers

어린이들의 대답에 대해, 교사는 구체적으로 칭찬을 해주어 자신감을 갖게 한다.

That's a good answer.	좋은 답이에요.
That's a smart answer.	똑똑한 답이에요.
It's a perfect answer.	완벽한 답이에요.
Good job thinking.	좋은 생각이에요.
What a brilliant idea!	정말 멋진 생각이에요!
It's an excellent idea.	훌륭한 생각이에요.
That's clever.	영리한 생각이에요.
Very interesting.	흥미로운 생각이네요.
I like your idea.	아이디어가 좋아요.

03 Compliments Ⅲ: Worksheets & Homework

교사는 추상적인 칭찬보다는 구체적으로 어떤 부분이 어떻게 좋은지 말로 자세히 표현한다.

This is great work! I'm proud of you.	멋진 작품이네! 나는 네가 자랑스러워.
It's a beautiful piece of work!	이건 멋진 작품이네.
Wow, this is really something!	와, 이건 정말 대단해!
I like this part.	나는 이 부분이 마음에 들어요.
I can see you worked very hard.	나는 네가 얼마나 열심히 일했는지 알 수 있어.
I like the way you've drawn.	나는 네가 그린 그림이 마음에 들어.
I like your choice of colors.	나는 네가 선택한 색이 맘에 들어.
This is really interesting.	이건 정말 흥미로워요.

* 활동에 따라 written, colored를 응용한다.

04 Encouragement Ⅰ: Improvement

어린이의 학습 성취 및 성장을 관심있게 지속적으로 관찰하다가 발전이 보일 때 바로 표현을 해주는 것이 도움이 된다.

You are improving.	발전하고 있어요.
You have improved a lot.	많이 발전했어요.
You have made a lot of progress.	많이 향상됐어요.
You are getting better.	점점 나아지고 있어요.
This is much better.	훨씬 좋네요.

You are catching up.	잘 따라잡고 있어요.
Keep it up.	계속 하세요.
Keep up the good work.	계속 열심히 하세요.
I knew you could do it.	나는 네가 잘 할 줄 알았어.
I knew you could make it.	나는 네가 잘 해낼 줄 알았어.
You are on the right track now.	너는 이제 올바른 방향으로 가고 있어요.
Let's give him a big hand.	그에게 큰 박수를 쳐주세요.

05 Encouragement II: Challenge

정답을 맞히지 못하였다고 해서, 교사가 "You're wrong!"이라고 단호하게 말하면, 아이는 자신감을 잃을 수 있다. 교사는 아이가 감정적으로 상처받지 않으면서, 다시 과제에 도전할 수 있도록 이끌어 준다.

Nice try.	좋은 시도예요.
You're very close.	답에 매우 가까워요.
That was so close.	답에 매우 가까웠어요.
Good guess.	좋은 추측이에요.
That's almost right.	거의 맞아요.
You are almost there.	거의 맞아요.
You are nearly there.	거의 맞아요.
Something is missing here.	여기 무언가가 빠져 있어요.
Will you try it again?	다시 시도해 볼래요?
Try again.	다시 해봐요.

06 Encouragement III: Courage & Lack of Confidence

자신감은 자신의 가치에 대한 지각이며, 자신감이 결핍되면 부정적 자아상을 갖게 된다. 심한 경우 아이는 학습에 대한 무기력함을 느낄 수 있다. 따라서 교사는 긍정적으로 상호작용을 해, 아이가 스스로 성취할 수 있다는 자신감을 갖도록 지도한다.

You can do it.	할 수 있어요.
Try again.	다시 해봐요.
You are close.	답에 가까워요.
You will get it this time.	이번에는 맞출 수 있을 거예요.
You know it.	네가 알고 있는 거야.
You almost got it.	거의 맞았어요.
Give it a try.	한번 시도해 봐요.
You're doing just fine.	잘하고 있어요.
Relax. Don't get nervous.	긴장하지 말아요. 초조해 하지 말아요.
I'll help you.	내가 도와줄게요.
I'll give you a hint.	힌트를 줄게요.
Who would like to help him/her?	누가 그/그녀를 도와줄래요?

Vocabulary Corner | Food

1. Meals

- breakfast (아침), lunch (점심), dinner (저녁), snack (간식)

2. Drinks

- juice (주스), milk (우유), soda pop (탄산음료), water (물), tea (차), coffee (커피)

3. Fast Food

- hamburger (햄버거), hotdog (핫도그), pizza (피자)
- cracker (크래커), instant noodles (라면)
- potato chips (감자칩), french fries (감자튀김), fried chicken (후라이드치킨)

4. Dessert

- cake (케익), doughnut (도너츠), pie (파이), muffin (머핀)
- ice-cream (아이스크림), cookie (과자), chocolate (초콜릿)

5. Food

- noodles (국수), spaghetti (스파게티)
- rice (밥), soup (국)
- sandwich (샌드위치), pancake (팬케이크), toast (토스트), French toast (프렌치 토스트)

- steak (스테이크), chicken (닭고기), pork (돼지고기), lamb chop (양고기)
- fish (생선), shrimp (새우)
- sausage (소세지), cereal (시리얼), fritter (튀김), stir fry (볶음)
- tofu (두부), cheese (치즈), egg (계란)

6. Vegetables

- cabbage (양배추), celery (샐러리), lettuce (상추)
- onion (양파), green onion (파), pepper (고추), bell pepper (파프리카)
- potato (감자), carrot (당근), cucumber (오이)
- eggplant (가지), pumpkin (호박), garlic (마늘), mushroom (버섯), corn (옥수수)

7. Fruit

- banana (바나나), orange (오렌지), kiwi (키위), lemon (레몬)
- peach (복숭아), apricot (살구), plum (자두), pear (배)
- cherry (체리), strawberry (딸기)
- apple (사과), pineapple (파인애플)
- watermelon (수박), yellow melon (참외), tomato (토마토)
- grapefruit (자몽), grapes (포도)

8. Seafood

- salmon (연어), shrimp (새우), tuna (참치), clam (대합조개)
- crab (게), lobster (가재)
- squid (오징어), giant octopus (문어)

9. Nuts

- walnut (호두), peanut (땅콩), almond (아몬드), macadamia (마카다미아)

Common Mistakes | /s/ & /sh/ Sounds

영어에 있는 3인칭은 한국어에서는 사용하지 않는 표현이다. 굳이 한국어 번역식으로 사용한다면 그 남자(he)와 그 여자(she)로 번역되겠지만 영어에서와 같이 그 사용이 명확하지는 않다. 문장 속에서 사용되어질 때 두 가지가 잘못 사용되거나 발음에서도 정확하지 않은 경우가 있어 주의해야 한다. 특히 she의 경우에는 문장 속에서 무의식 적으로 /s/ sound로 발음되기도 한다.

역으로 seat와 같이 /s/ sound가 되어야 할 것이 /sh/ sound로 잘못 발음되기도 한다. /s/ sound는 /sh/ sound 보다 혀가 조금 더 뒤쪽에 위치하게 되며, 반대로 /sh/ sound에서는 혀가 좀 더 앞으로 나와 발음하게 되는 차이가 있다.

seat scissors see sing
star save snake sad

sheep shape she shark
shadow shave shirt shopping

아래의 문장 속에서 /s/와 /sh/ sound를 연습해 보자.

He sits in his seat.
She sits in her seat.

Sing Along | Teddy Bear

Teddy Bear

가사와 율동

Teddy bear, teddy bear, turn around.
제자리에서 360도 돈다.
Teddy bear, teddy bear, touch the ground.
양 손으로 땅을 짚는다.
Teddy bear, teddy bear, show your shoe.
한 쪽 발을 들어 신발을 보여 준다.
Teddy bear, teddy bear, that will do.
양 손을 허리에 얹는다.

Teddy bear, teddy bear, go upstairs.
계단을 올라가는 것처럼 한다.
Teddy bear, teddy bear, say your prayers.
두 손을 모아 기도를 한다.
Teddy bear, teddy bear, switch off the light.
불을 끄는 것처럼 한다.
Teddy bear, teddy bear, say good night.
양손을 모아 한쪽으로 베고 잔다.

Teddy Bear는 노래와 함께 TPR 활동으로 소개할 수 있다. 노래에 익숙해진 후에는 교사는 동작을 보이지 않고 "Switch off the light."과 같이 문장만으로 어린이들이 해야 하는 행동을 제시할 수 있다. 아래 문장을 활용하여 노래 가사를 바꾸어 부르거나 명령을 듣고 몸으로 해보도록 한다.

* Open/Close the door.
* Bend your knees.
* Jump three times.
* Clap your hands.

Chapter 12 Feelings

1. General Feelings
2. Controlling Feelings
3. Controlling Peer Conflict
4. Teacher-Student Conflict
5. Illness

Vocabulary Corner: Cooking Utensils

Common Mistakes: Vowel Sounds

Sing Along: "I Can Brush My Teeth"

chapter 12 Feelings

Key Expressions

Thank you for helping me.
This means a lot to me.
I didn't do it on purpose.
I didn't mean to do that.
I'm shocked.
What a surprise!
Don't bother him.
Don't make excuses.
You must follow directions.
Keep up the good work.

01 General Feelings

어린이들은 일상생활에서 자신의 환경을 인지하여, 자신의 감정을 언어 혹은 비언어적으로 드러낸다. 교사는 유아가 그들 자신의 감정과 타인의 감정이 다름을 이해하도록 하며, 감정 표현을 적절하게 하여 타인과 감정을 나눌 수 있도록 한다. 또한 교사는 유아들이 긍정적인 자아 개념을 형성하고, 또래간의 관계에서 긍정적으로 상호작용 할 수 있도록 한다.

1) 고마울 때

Thank you for your help.	도와줘서 고마워요.
That was so kind.	너무 친절하네요.
That's nice of you.	정말 친절하네요.
That's thoughtful of you.	생각이 깊네요.
You are so sweet.	정말 다정하네요.
You are so warm-hearted.	마음이 따뜻하군요.
You've been a great help.	아주 큰 도움이 됐어요.
Thank you for helping me.	나를 도와줘서 고마워요.
That means a lot to me.	그것은 나한테 큰 의미가 있어요.
I'm touched.	나는 감동했어요.

2) 미안할 때

Sorry about that.	그것에 대해 미안해요.
Sorry, I didn't know.	미안해요. 난 몰랐어요.
It was an accident.	그건 사고(우연)였어요.
I didn't do it on purpose.	내가 고의로 한 게 아니에요.
I'm really sorry.	정말 미안해요.
It's my fault.	내 잘못이에요.
That's my mistake.	실수예요.
I didn't mean to do that.	의도하지 않았어요.
Sorry, I got confused.	미안해요, 내가 혼동을 했어요.
Sorry, I got your name wrong.	이름을 잘못 알고 있어서 미안해요.
Sorry, I thought it was you.	나는 네가(당신이) 한 줄 알았어(요). 미안해요.

3) 놀랐을 때

I'm surprised.	놀랐어요.
I'm shocked.	깜짝 놀랐어요.
What a surprise!	놀랍네요!
You surprised me.	나를 놀라게 했어요.
This is unbelievable!	믿을 수가 없어요!
Oh, dear!	이런! /어머나!
Oh, my!	어!/ 이런!/ 아이고!
Are you hurt?	다쳤어요?
Are you ok?	괜찮아요?
Wow, how did you do that?	와, 어떻게 했어요?

4) 기분 나쁠 때

I don't feel well.	난 지금 기분이 안 좋아요.
I am upset*.	기분이 나빠요.
I am unhappy.	기분이 나쁘네요.

* 유사한 표현으로 upset, sad, unhappy, angry, disappointed, not in a good mood 를 활용한다.

02 Controlling Feelings

자기감정 조절력은 성장기에 있는 아이가 획득해야 할 중요한 발달 사항 중 하나다. 교사는 상호작용을 통해 감정조절의 중요성을 아이에게 인식시킴과 동시에 긍정적 감정을 유지하도록 도와주고, 부정적 감정이 생겼을 때 스스로 통제할 수 있도록 지도한다.

1) 갑자기 울 때

What's wrong?	무슨 일인가요?
Don't cry.	울지마요.
That's okay.	괜찮아요.
It's not a big deal.	큰일 아니에요.

2) 흥분 가라앉히기

Calm down.	침착해요.
Don't get so excited.	너무 흥분하지 말아요.
Slow down.	천천히 해요.
One at a time.	한번에 하나씩 해요.
Take your time.	시간을 가져요.
Do not hurry!	서두르지 말아요!

03 Controlling Peer Conflict

어린이들은 또래와의 사회적 상호작용 중에 갈등을 경험하며 경험한 갈등은 인지발달과 사회적 발달에 영향을 미친다. 교사는 어린이들이 스스로 감정을 조절하여 갈등을 원만하게 해결해 나갈 수 있도록 적절히 개입한다.

1) 다른 친구에게 방해가 될 때

Leave him alone.	그를 가만히 내버려둬요.
Don't bother* him.	그를 방해하지 말아요.
Stop making fun of him.	그를 놀리지 말아요.
Stop doing that.	그만하세요.

* 동일한 표현으로 disturb를 활용한다.

2) 서로 양보하지 않을 때

Share with your friend.	친구와 함께 써요.
You have two choices.	네겐 두가지 선택권이 있어(요).
Share it with your friends or I get to have it.	친구랑 함께 쓰거나, 아니면 이걸 내가 가져가는 거예요.
Hand it to me.	나한테 주세요.
I will hold it till you learn how to share with others.	타인과 어떻게 나누는지 배울 때까지 내가 가지고 있을 거예요.

04 Teacher-Student Conflict

교사-아이와의 관계에 있어 교사가 냉담하고 거부적으로 상호작용할 경우, 교사와의 관계가 소원해지고, 갈등적인 관계가 형성된다. 이런 교사의 상호작용 형태는 또래간의 상호작용에서도 재현되므로, 교사-아이간에 긴밀한 대화를 통해 긍정적 유대감을 가질 수 있도록 한다.

1) 관계없는 이야기가 계속 될 때

That's enough.	그거면 충분해요.
Thank you for sharing but stop now.	공유해 줘서 고맙지만, 이젠 그만해요.
Talk to me later.	나중에 얘기해요.
Tell me more later.	나중에 더 얘기해 줘요.
Why don't you draw a picture to describe the story?	이야기에 관한 그림을 그려줄래요?
I would love to read about it.	난 정말 이거 읽고 싶네요.
Thank you for your great story.	좋은 얘기 해줘서 고마워요.
Tell me later.	나중에 말해줘요.

2) 핑계를 댈 때

Don't blame her.	그녀를 탓하지 말아요.
Don't make excuses.	변명하지 말아요.

3) 지시를 거부할 때

Are you listening?	듣고 있어요?
Do it!	하세요!
Finish it!	끝내세요!
I am waiting.	기다리고 있어요.
You must follow directions.	지시를 반드시 따라야 해요.
Stand up!	일어서요!

* 교사가 적절한 어조와 분위기만으로 의미를 전달할 수 있다.

4) 계속 진행하도록 할 때

Keep on going*.	계속 해요.
Keep busy.	바쁘게 지내요.
Keep up the good work.	계속 잘해요.
Get busy.	열심히 해.
Get back to work.	다시 일하세요.

* 활동에 따라 watching, reading, singing, listening, writing을 응용한다.

05 Illness

기관에서 아플 경우, 교사는 아이의 신체 어느 부분이 아픈지, 어떻게 아픈지 상황을 파악해야 한다. 유아의 몸 상태가 좋지 않을 경우에는, 교사는 학부모에게 연락을 하거나 혹은 아이가 휴식을 취할 수 있도록 환경을 제공한다.

1) 아이의 상태 점검하기

Are you tired?	피곤해요?
Do you feel ill?	아파요?
Are you feeling sick?	아픈가요?
You don't look well.	(몸이) 안 좋아 보여요.
Are you OK?	괜찮아요?
Can I get you something?	뭐 갖다 줄까요?
Do you need anything?	필요한 게 있나요?
I think you have a fever.	열이 있는 것 같아요.
If you don't feel well, let your teacher know.	만약 (몸이) 안좋으면(아프면), 선생님께 알려주세요.

When you feel sick, you need to let me know.	아프면, 나한테 알려주세요.

2) 증상 다루기

Did you catch a cold?	감기에 걸렸어요?
Do you have a stomachache?	배가 아픈가요?
Do you have a headache?	두통이 있어요?
Do you feel dizzy?	어지러운가요?
Let's take your temperature.	체온을 재봅시다.
You have a fever.	열이 있어요.
Did you get a paper cut?	종이에 베었어요?

3) 후속 조치하기

You are bleeding.	피가 나네요.
I will put a bandage on it.	밴드를 붙일게요.
You've got a fever.	열이 있어요.
I better call your mom.	엄마한테 전화하는 게 좋겠어요.
You are coughing a lot.	기침을 많이 하네요.
Drink some water.	물을 마셔요.
Blow your nose.	코를 풀어요.
Lie down and try to get some sleep.	누워서 잠을 자도록 노력해요.
Lie down for a little while.	잠시 누워 있어요.
Would you like to sleep?	잠을 좀 잘래요?
Would you like to lie down?	누워 있을래요?
Would you like a glass of water?	물을 마실래요?
When you feel better, come back to the classroom.	몸이 나아지면, 교실로 돌아와요.

I will call your mom.	엄마한테 전화할게요.
Your mom will be here to pick you up.	엄마가 여기에 데리러 올 거예요.

Vocabulary Corner | Cooking Utensils

1. Kitchen Appliances

- blender (믹서), food processor (만능 조리기구), microwave oven (전자레인지)
- toaster (토스터), oven (오븐), grill (그릴)

2. Pots & Pans

- frying pan (프라이팬), pot/sauce pan (냄비)

3. Bakeware

- cookie sheet (쿠키용 종이), cookie cutter (쿠키커터)
- measuring cup (계량컵), measuring spoon (계량스푼)
- bread knife (빵칼), baking pan (오븐용 팬), rolling pin (밀방망이)

4. Kitchen Tool Set

- garlic press (마늘 다지기), potato peeler (감자 벗기는 칼), potato masher (감자 으깨는 기구)
- scissors (가위), knife (칼), pizza cutter (피자 커터)
- ladle (국자), whisk (거품기), spatula (주걱), potholder (냄비 드는 기구)

5. Etc

- dish (접시), bowl (그릇)

- fork (포크), spoon (스푼), chopsticks (젓가락), wooden spoon (나무 스푼)
- knife (칼), cutting board (도마), colander (체)
- bottle opener (병따개), can opener (캔 오프너)
- mixing bowl (믹싱볼), salt shaker (소금병)
- thermometer (온도계), food scale (저울)

Common Mistakes | Vowel Sounds

영어권의 다양한 영어는 주로 모음의 발음에 따라 큰 차이를 보인다. 한국의 경우 문화적 교육적 영향에 의하여 대부분 미국식 영어를 표준으로 사용하는 경향이 있다. 발음에 어려움을 겪는 대부분의 경우를 보면 모음의 발음에 있어서 일관성을 보이지 않고 잘못 발음하는 것이다. 다음은 장모음과 유사하게 잘못 발음되기 쉬운 예이다.

단어	doll	ball
표준발음	dɑl	bɔ:l
잘못된 발음	dəʊl	bəʊl

모음과 끝소리가 연계되어서 주의해야 할 발음의 예는 아래와 같다. 자칫 두 개의 단어가 동일하게 발음되기 쉽다.

단어	dog	duck
표준발음	dɔ:g	dʌk
잘못된 발음	dəʊg	dəʊg

Doll, ball, dog와 같은 경우는 입모양을 단모음 o로 유지하면서 발음하도록 주의하면 쉽게 교정될 수 있다. Duck과 dog의 경우는 끝 자음소리에 의해 구별되어야 하는데 dog의 경우는 /g/ 소리를 끝소리로 하지만, duck의 경우는 끝소리에서 /k/ 혹은 /g/ 소리를 내지 않는다. 단어의 자음 끝소리의 경우는 대부분 의식적으로 소리를 따로 구분하여 내지 않는 것이 일반적이다. 따라서 위와 같은 차이점을 인식하고 발음하는 것에 주의한다면 두 단어에서와 같은 혼동을 줄일 수 있다.

Sing Along | I Can Brush My Teeth

I Can Brush My Teeth

가사와 율동

I can brush my teeth.
검지와 중지를 모아 이를 닦는다.
Up and down, up and down.
위에서 아래로,
I can brush my teeth.
검지와 중지를 모아 이를 닦는다.
I can gargle.
물로 양치질을 한다.
I can smile.
미소를 짓는다.
I can brush my teeth up and down.
검지와 중지를 모아 이를 위 아래로 닦는다.

(참고자료 : 웹사이트 www.eshasha.com)

기본생활습관은 어린이들의 일상생활에서 반복되는 것이므로 쉽게 부를 수 있는 노래와 포스터 등을 활용할 수 있다. 아래의 내용은 포스터로 담아 어린이들이 양치하는 곳에 게시하고 교사와 유아가 함께 자주 접할 수 있도록 한다.

Brush Your Teeth

1. Squeeze the toothpaste on your toothbrush.
2. Brush your teeth up and down.
3. Brush your teeth front and back.
4. Spit it out.
5. Gargle with water.
6. Rinse your mouth with the water.
7. Wipe your mouth with the towel.
8. Put away your toothbrush and cup.
9. Put the cap back on the toothpaste.

Unit 4 Special Days

이번 Unit에서는 기관 혹은 학교에서 일어나는 특별한 날 운영에 관하여 필요한 표현을 중심으로 알아보고자 합니다.

Chapter 13 Special Days I

1. Orientation & Graduation
2. Birthday Parties
3. Field Trips
4. Open House

Vocabulary Corner: Graduation

Common Mistakes: Grammatical Errors

Think About It: Certificate

chapter 13 Special Days I

Key Expressions

I will be your teacher.
If you need something, let me know.
I am going to miss you.
I am very proud of you.
We are going to go on a field trip.
When we go out, please follow me.
You can bring a snack, too.
We are almost there.
Your moms and dads are coming to see you.
Stand by your mom.

01 Orientation & Graduation

오리엔테이션은 기관의 첫 행사이자 부모님, 원아, 교사간의 만남이 시작되는 출발점이다. 기관의 교육과정 및 특성을 알리는 첫 행사를 통해 가정과의 연계교육이 이루어질 수 있도록 한다. 반면에 졸업식 (수료식)은 그 동안의 기관에서의 생활을 돌아보며 기관/학교 생활을 마무리하는 행사이다. 졸업식은 처음으로 접했던 교육의 장소를 마무리 한다는 점에서 어린이에게 의미있는 행사이다.

1) 오리엔테이션

◯◯ class, I am so happy to see you here.	◯◯반, 만나서 반가워요.
I am Mrs. Lee.	난 Mrs. Lee예요.
I will be your teacher.	난 여러분의 선생님이에요.
What is your name?	이름이 뭐에요?
How many boys/girls are in this class?	이 교실에 남자/여자가 몇 명인가요?
Now, you are going to come to ◯◯ school.	지금부터 여러분은 ◯◯ 학교에 올 거예요.
This will be our classroom.	이곳이 여러분의 교실이에요.
Let's look around our classroom.	교실을 둘러봅시다.
What do you see?	무엇이 보여요?
You can wash your hands over here.	손은 여기서 닦을 수 있어요.
When you want to read a book, you can use this area.	책을 읽고 싶을 때, 이곳을 사용하면 돼요.
You can play with blocks.	여기서 블록놀이를 할 수 있어요
You can have fun over here.	여기서 재밌게 놀 수 있어요.
When you come to class, put your shoes/bags in the cubby.	교실에 오면 보관함/사물함에 신발/가방을 두세요.
Hang your coat on the hook.	고리에 코트를 걸어요.
If you need something, let me know.	필요하면, 나한테 알려줘요.
Sit down on the carpet.	카펫에 앉아요.
Today, let's make something.	오늘, 뭔가를 만들어 봅시다.
Does anyone want to go to the bathroom?	화장실 가고 싶은 사람 있어요?
If you want to go to the bathroom, let me know.	화장실 가고 싶으면, 나한테 알려줘요.

2) 수료식, 졸업식

I can't believe it is the end of our class.	마지막 수업이라는 게 믿기지 않네요.
I am going to miss you.	여러분들이 그리울 거예요.
I am very proud of you.	나는 여러분들이 매우 자랑스러워요.
You are growing up.	여러분이 많이 컸군요.
What was your favorite thing in class?	수업 중 가장 좋았던 것이 무엇인가요?
Some of you will be in Lino class.	몇 명은 Lino반이 될 거예요.
Some of you will go to elementary school.	몇 명은 초등학교에 갈 거예요.
I was so happy to be your teacher.	여러분의 선생님이어서 행복했어요.
Even if you go to another class, let's say, "hi," to each other.	다른 반에 가더라도, 만나면 "hi"라고 얘기해요.

02 Birthday Parties

생일은 아이가 한 살 더 먹게 되어 몸과 마음이 자라게 된 것을 친구들과 선생님이 함께 축하해 주고 기쁨을 나누는 날이다. 생일 축하를 통해 아이들은 다른 사람을 축하해 주는 방법을 배우고 생일을 축하 받으며 그 고마움을 느끼고 표현한다. 생일을 맞은 아이들은 자신이 소중한 존재임을 인식하고 집단에 소속감을 가진다.

1) 생일전

Tomorrow is Minji's birthday.	내일은 민지의 생일이에요.
What do we need for Minji's birthday party?	민지 생일파티에 무엇이 필요한가요?

We need a cake, a card and presents.	케익, 카드 그리고 선물이 필요해요.
Let's make a birthday card for Minji.	민지 생일카드를 만들어 줍시다.
What can we give Minji for a present?	선물로 무엇을 줄까요?
Singing a song would be a good idea.	노래 부르기도 좋은 생각이에요.
What song should we sing for Minji?	어떤 노래를 불러줄까요?

2) 생일파티 – 생일축하 노래 부르기

Today is very special.	오늘은 매우 특별한 날이에요.
Who can tell me why today is so special?	오늘이 왜 특별한 날인지 누가 말해 줄 수 있나요?
It is someone's birthday.	누군가의 생일이에요.
Whose birthday is it?	누구 생일이죠?
It is Minji's birthday.	민지 생일이에요.
Happy birthday Minji.	민지 생일 축하해요.
This is Minji's birthday cake.	민지 생일 케익이에요.
Let's put some candles on the cake.	케익에 초를 꽂아요.
How old is Minji?	민지 몇 살이죠?
Minji is five years old.	민지는 다섯 살이에요.
We need five candles.	다섯 개 초가 필요해요.
Let's light the candles.	초에 불을 붙여요.
Let's sing "Happy Birthday."	"Happy Birthday." 노래를 불러요.
Did you make a wish?	소원을 빌었나요?
Blow out the candles. Happy birthday!	촛불을 끄세요. 생일 축하해요!

3) 생일파티 – 선물 주고 받기

Look at what we've got.	무엇을 받았는지 봅시다.

We have a birthday card for Minji.	민지 생일카드가 있어요.
Youngju, what did you write for Minji?	영주, 민지한테 뭐라고 썼어요?
Can you come up here and tell us what you wrote?	여기 나와서 쓴 내용을 말해 줄래요?
Do you remember what we prepared for Minji?	우리가 민지를 위해 준비한 게 뭔지 기억해요?
We have a present for Minji.	민지 선물이 있어요.
Minji, come up here.	민지, 여기로 나오세요.
This is your present.	선물이에요.
Do you want to open it?	열어 볼래요?
Let me help you open it.	여는 거 도와줄게요.
What's inside?	안에 뭐가 있나요?
Wow, you got a paper airplane.	와, 종이 비행기를 받았네요.
Who gave you this present?	누가 이 선물을 줬어요?
We have one more thing for Minji.	민지를 위한 것이 하나 더 있어요.
What is it?	무엇이죠?

03 Field Trips

현장학습은 교실에서 직접 경험할 수 없는 교육내용을 경험하게 한다. 교실에서 책, 사전 혹은 인터넷을 통해 보았던 것을 현장학습에서 직접 실물을 보고 느끼고 체험하는 활동을 함으로써, 생활 주제와 관련된 개념에 흥미를 유발하여 적극적인 참여를 하게 한다.

1) 사전학습

Do you know what we are going to do tomorrow?	여러분은 내일 우리가 무엇을 할지 알아요?
We are going to go on a field trip.	견학/현장학습을 갈 거예요.
Where are we going tomorrow?	내일 어디로 가요?
We will see many different things tomorrow.	내일 많은 것들을 볼 거예요.
What will we see there?	우리는 거기서 무엇을 볼까요?
What will we do tomorrow?	우리는 무엇을 할까요?
You are going to have a partner for the field trip.	견학/현장학습 갈 때 여러분은 짝이 있을 거예요.
You are going to hold your partner's hand.	짝의 손을 잡고 갈 거예요.
When we go out, please follow me.	밖에 나가면, 나를 따라와요.
If you don't follow me, you might get lost.	만약 따라오지 않으면, 길을 잃을 수 있어요.

2) 준비물 챙기기

What do we need for our field trip?	견학/현장학습 갈 때 무엇이 필요해요?
We need water, a snack, and a bag.	물, 과자 그리고 가방이 필요해요.
We are going to eat our lunch outside.	점심은 밖에서 먹을 거예요.
Bring your lunch.	점심을 가져와요.
You can bring a snack too.	간식도 가져와도 돼요.
Should you bring three different kinds of snacks?	3가지 종류의 간식을 가져와야 할까요?
Do not bring too many snacks.	너무 많은 간식은 가져오지 말아요.
We need something to drink.	음료수가 필요해요.
You can bring a bottle of water or juice.	물 또는 주스를 가져와도 돼요.

Don't bring any glass bottles.	유리병은 가져오지 말아요.
They can break, and you might get hurt.	병은 깨질 수 있어서, 다칠 수도 있어요.
I want you to bring a plastic bottle with a lid.	뚜껑이 있는 플라스틱 병을 가져와요.
Bring a mat.	돗자리를 가져와요.

3) 현장학습

Look around.	주위를 둘러봐요.
What do you see?	무엇이 보여요?
Can you walk in line?	줄을 서서 걸을 수 있어요?
Don't hold your partner's hand too tight.	짝의 손을 너무 꽉 잡지 말아요.
Let's go up the stairs.	위층으로 올라갑시다.
Let go of your partner's hand.	짝의 손을 놓으세요.
We are almost there.	거의 다 왔어요.
We are going to eat lunch here.	점심은 여기서 먹을 거예요.
Don't go too far.	너무 멀리 가지 말아요.
Don't run too fast, you might get hurt.	너무 빨리 뛰지 말아요. 다칠 수도 있어요.
Stay together.	다 함께 있어요.
If you want to go to the bathroom, you need to tell me.	화장실에 가고 싶으면, 나한테 말해요.
Do not go to the bathroom alone.	화장실에 혼자가지 말아요.
Did your mom make this?	엄마가 만들었어요?
It looks yummy.	맛있어 보이네요.
Clean up your spot and pick up the trash.	자기 자리를 정리하고 쓰레기를 주워요.
Put the garbage in the bin.	쓰레기를 쓰레기통에 버리세요.
Stay in line.	줄을 지키세요.

Let's take a picture.	사진을 찍읍시다.
Smile~ Say 'cheese.'	스마일~ '치즈' 라고 말해요.

04 Open House

참여수업은 부모가 기관/학교 활동에 참여함으로써 아이의 생활과 교육과정을 이해할 수 있도록 하는 데 의의가 있다. 즉 학부모의 행사 참여로 인하여 기관/학교와 가정과의 유대감을 높일 수 있으며, 행사는 교육활동의 일환으로 교육적 가치가 있어야 한다. 교사는 아이들이 생활하는 기관 내 공간을 부모에게 보여주고, 활동에 같이 참여하게 함으로써 기관/학교에서의 생활에 긍정적인 태도를 갖도록 해야 한다.

Your moms and dads are coming tomorrow.	내일 엄마와 아빠가 오실 거예요.
Your moms and dads are coming to see you.	엄마와 아빠가 여러분을 보러 오실 거예요.
When your moms and dads come to school, how should you behave?	엄마와 아빠가 학교에 오시면 여러분은 어떻게 행동해야 할까요?
Should/Can you behave nicely?	바르게 행동해야 해요.
When your mom is here, don't look at your mom.	엄미기 여기 계실 때, 엄마를 보지 말아요.
Look at your teacher.	선생님을 봐요.
Don't turn around.	뒤를 돌아보지 말아요.
Who can show me how to sit?	누가 어떻게 앉는지 보여 줄래요?
Whose mom is she? She is Minji's mom.	누구의 엄마인가요? 민지의 엄마예요.
Minji, can you hold your mom's hand?	민지, 엄마 손 잡을래요?

Stand by your mom.	엄마 옆에 서요.
Parents, do what I do.	학부모님, 제가 하는대로 해주세요.
Parents, help your child.	부모님, 여러분의 아이들을 도와주세요.
Children, now can we show our dance to the parents?	여러분, 지금 부모님께 우리의 춤을 보여줄 수 있어요?

Vocabulary Corner | Graduation

1. Graduation

- entrance ceremony (입학식)
- graduation (졸업식) / commencement (수료식)
- certificate of graduation (졸업장) / certificate of completion (수료증)
- graduation gown (졸업가운) / cap and tassle (졸업모자와 수술)
- a congratulatory address/speech (축사) / valedictory address/speech (답사)

2. Graduation Messages

- Congratulations and best wishes for a successful future.
- Congratulations. You did it!
- You are a star! Congratulations on your graduation!
- May all your dreams come true. Congratulations!
- You have worked hard; now enjoy your vacation!

Common Mistakes | Grammatical Errors

동사는 문장 속에서 다양한 형식으로 사용된다. 문장 속에서 적절한 동사의 형식을 사용할 수 있도록 아래의 예를 잘 살펴보고 자주 하는 실수에 표시를 하고 표현을 연습해 보자.

Original Sentence	Corrected Sentence	V
Let's singing the ABC song.	Let's sing the ABC song.	
Listening carefully.	Listen carefully.	
Let's counting.	Let's count.	
What come next?	What comes next?	
What the weather like today?	What's the weather like today?	
How do you feeling?	How do you feel?	
Who come next?	Who comes next?	
Who want to come up here?	Who wants to come up here?	
Let's song.	Let's sing.	
Minji happy.	Minji is happy.	
We will found the letter B.	We will find the letter B.	

Think About It | Certificate

어린이들이 일정 과정을 이수한 후에 수여되는 수료증 혹은 졸업장에는 어떤 내용이 들어가면 좋을지 아래의 예시를 살펴보고 우리 기관에 맞는 수료증을 만들어 보자.

> 학교명 presents a Certificate of Completion to 이름
> having successfully completed an English course of study,
> given this 날짜th day of 월 년 .
> 기관장 이름(사인)

KCMRC's KDLP Creativity School

presents a

Certificate of Completion

to

이호연 Eric

having successfully completed an English course of study,
given this 27th day of February 2009.

Co-Principal　　Co-Principal

Copyright ⓒ 2010 by KCMRC

이름

원장/교장

원감/교감

교사의 서명

Chapter 14 Special Days II

1. Common Expressions
2. Chusok
3. Christmas
4. New Year's Day

Vocabulary Corner: Library

Common Mistakes: Plurals

Think About It: Holidays

chapter 14 Special Days II

Key Expressions

Does anyone know what Chusok is?
How will you get there?
What do you eat on Chusok?
We eat songpyun on Chusok.
Christmas celebrates the birth of Jesus Christ.
When Christmas comes, we decorate Christmas trees.
Do you know what Santa does?
Who do you want to give the card to?
The first day of the lunar calendar is Seolnal.
What animal represents this year?

01 Common Expressions

기관/학교에서 행해지고 있는 행사 (특별한 날)는 정규 일과 외 특별히 마련된 활동으로 기관/학교 생활과 연계된다는 점에서 교육적인 의의를 가지고 있다. 교사는 어린이들이 행사를 통해 다양한 경험을 하고, 성취감을 얻으며 기관/학교에 대한 소속감을 가질 수 있도록 한다.

Do you know what day it is today?	오늘은 무슨 날이에요?
Today is Chusok*.	오늘은 추석이에요.
Do you know what Chusok is?	추석이 어떤 날인지 아나요?
Does anyone know what Chusok is?	추석이 무엇인지 아는 사람 있어요?
When is Chusok?	추석이 언제인가요?
Do you go somewhere on Chosok?	추석 때 어디 가요?
Where are you going?	여러분은 어디로 가요?
How will you get there?	여러분은 어떻게 가요?
What do you do on Chusok?	추석 때 무엇을 해요?
What do you wear on Chusok?	추석 때 무엇을 입어요?
What do you eat on Chusok?	추석 때 무엇을 먹어요?
Have you heard about Santa**?	산타에 대해서 들어봤어요?

* 휴일에 따라 New Year's Day, Christmas, Halloween을 응용한다.
** 할로윈데이에 쓰여지는 witch, Jack-o-lantern을 활용한다.

02 Chusok

추석은 우리나라 고유의 명절 중 하나로 한가위라고도 불린다. 기관에서 교사는 유아와 함께 추석의 유래와 의미에 대해 이야기 나눠보고, 다양한 민속놀이를 해봄으로써 추석 풍습을 익히도록 한다.

1) 의미와 유래

A long time ago, people were very thankful for the harvest.	옛날에 사람들은 수확하는 것에 대해 매우 감사해 했어요.
Rice grows during spring and summer, and when it is fall it is ready to harvest.	봄과 여름에 벼가 자라면, 가을에는 수확할 때가 돼요.

When we cut the rice, we call it "harvest."	우리가 벼를 자르면, 이것을 "수확/추수"라고 해요.
Many Koreans give thanks to their ancestors.	많은 한국 사람들은 조상님에게 감사히 여겼어요.
They make special foods and call it Charye.	사람들은 특별한 음식을 만들고 이것을 차례라고 불러요.

2) 관련 활동

For Chusok, we eat special foods.	추석에 우리는 특별한 음식을 먹어요.
We eat songpyun on Chusok.	추석 때 송편을 먹어유.
Let's make songpyun.	송편을 만듭시다.
What do we need to make songpyun?	송편 만들기 위해 무엇이 필요해요?
We need rice dough, beans, and some pine needles.	쌀 반죽, 콩 그리고 솔잎이 필요해요.
We need pine needles to cook the songpyun.	송편을 찔 때 솔잎이 필요해요.
Make a small rice ball.	경단을 만듭시다.
Put some beans in the middle of the rice ball.	콩을 경단 가운데에 넣어요.
Squeeze it together.	송편을 눌러서 빚어요.
Put them on the plate with pine needles.	접시에 송편과 솔잎을 함께 놓아요.
I am going to steam the songpyun.	송편을 찔 거예요.
How does it taste?	맛이 어떤가요?
Is it good?	좋은가요?
I like Minji's hanbok.	나는 민지 한복이 좋아요.
You look very pretty.	예뻐 보이네요.

03 Christmas

크리스마스는 기독교의 명절이며 세계적인 공휴일로 종종 기관/학교에서는 겨울방학식과 크리스마스 행사를 함께 진행하기도 한다. 겨울 행사로 할 수 있는 관련 표현들을 살펴보자.

1) 의미와 유래

What is Christmas?	크리스마스란 무엇인가요?
Christmas celebrates the birth of Jesus Christ.	크리스마스는 예수 그리스도의 탄생을 축하하는 날이에요.
Do you know what Santa does?	산타가 무엇을 하는지 알아요?
If you do good things, Santa will give you a present.	좋은 일을 하면, 산타가 선물을 줄 거예요.
Santa will leave presents when you are sleeping.	여러분이 잠잘 때 산타가 선물을 놓고 갈 거예요.

2) 관련 활동

When Christmas comes, we decorate Christmas trees.	크리스마스가 오면, 우리는 크리스마스 나무를 장식해요.
When we decorate the Christmas tree, we need ornaments.	크리스마스 나무 꾸밀 때, 우리는 장식품이 필요해요.
Decorate the tree with ornaments, ribbons, and icicles.	나무를 장식품, 리본, 고드름으로 꾸며요.
Let's make the tree pretty.	나무를 예쁘게 꾸밉시다.
We decorated a Christmas tree.	크리스마스 나무를 꾸몄어요.
It looks very nice.	매우 멋있어 보여요.
Let's make a Christmas card.	크리스마스 카드를 만듭시다.
Who do you want to give the card to?	누구한테 카드를 줄래요?

What do you want to say?	뭐라고 말하고 싶어요?
Maybe you can write a letter to Santa.	산타에게는 편지를 쓸 수 있을 거예요.
Do you need help to write "I love you."?	"I love you."라고 쓸 수 있게 도움이 필요한가요?
I will write it for you. Can you trace the words?	내가 써줄게요. 베껴 쓸 수 있어요?
Would you like to decorate your card?	카드를 꾸미고 싶어요?

04 New Year's Day

설날은 한 해를 시작하는 정월 초하룻날로서 가장 큰 명절 중 하나다. 교사는 설날의 유래와 의미 및 다른 나라 새해맞이 방법에 대해 이야기해 보고, 설날의 놀이 활동을 해보고, 설날 전통음식 (떡국)을 직접 만들어 보는 시간을 가질 수 있다.

1) 의미와 유래

Do you know what Seolnal is? When is Seolnal?	설날이 무엇인지 알아요? 언제가 설날인가요?
It is the Lunar New Year.	이날은 구정이에요.
We have a lunar calendar and a solar calendar.	우리에겐 음력과 양력이 있어요.
The first day of the lunar calendar, is Seolnal.	음력의 첫날이 설날이에요.
The Lunar New Year is different every year.	구정은 매년 달라요.
Last year, the Lunar New Year was January 26th.	작년에는 1월 26일이 구정이었어요.
This year, the Lunar New Year is February 14th.	올해는 2월 14일이 구정이에요.
It is New Year's Day.	이날이 설날이에요.

2) 관련 활동

On Seolnal, we wear hanboks.	설날에 우리는 한복을 입어요.
Girls wear 저고리 and 치마.	여자들은 저고리와 치마를 입어요.
Boys wear 저고리 and 바지.	남자들은 저고리와 바지를 입어요.
What do you eat on Seolnal?	설날에 무엇을 먹어요?
Yesterday was 2009, but today is 2010. It is a new year.	어제는 2009년, 오늘은 2010년이에요. 새해예요.
How old are you?	여러분은 몇 살이에요?
You are all a year older.	모두 한 살 더 먹었어요.
What animal represents this year?	올해를 상징하는 동물은 무엇인가요?
The animal that represents this year is the tiger.	호랑이가 올해를 상징해요.
What animal are you?	여러분은 무슨 띠인가요?
What do you want to do this year?	올해에 무엇을 하고 싶어요?

Vocabulary Corner | Library

1. Parts of a Book

- author (저자), illustrator (삽화가), publisher (출판사)
- book cover (책표지), front cover (앞표지), back cover (뒷표지)

2. Types of Books

- fiction (창작동화/소설), nonfiction (실화: 전기, 수필 등)
- drama (동극용 책), poetry (시), nursery rhyme (전래동요), magazine (잡지)
- periodical (정기간행물), teacher's resource/manual/materials (교사용 자료)

3. Library Furniture

- bookshelves (책장), table (테이블), sofa (푹신한 의자)

4. Library Terminology

- check in (도서 반납), check out (도서 대출)
- borrow (빌리다), return (반납하다)
- due date (만기일), overdue (연체), fine (벌금)

Common Mistakes | Plurals

수업을 진행하다보면 단수, 복수를 잘못 말하거나 평서문 형태로 질문을 하는 실수가 흔히 일어난다. 혹은 교사의 질문과 대답에 일관성이 없는 경우가 많이 있다. 아래에서 제시되는 예시를 살펴보고 의식적으로 주의를 기울여 보도록 하자.

Original Sentence	Corrected Sentence	V
Pages nine.	Page nine.	
(pointing to a picture of cherries in a book.) Cherry.	Cherries.	
How many cow are there?	How many cows are there?	
Put the puzzle piece together.	Put the puzzle pieces together.	
Close your eye.	Close your eyes.	
Open your eye.	Open your eyes.	
(while pointing to animal groupings during a counting activity) Goat/bird/duck.	Goats/birds/ducks.	
Today is rainy?	Is today rainy? Is it rainy today?	
Cloudy?	Is it cloudy?	
Minji, happy?	Is Minji happy?	
Family members are there?	How many family members are there?	
Family member do you want to write here?	Which family member do you want to write here?	

Think About It | Holidays

Halloween Day

할로윈데이는 매년 10월 31일 귀신놀이를 하는 축제로 약 2000년 전에 북유럽에서 시작되었다. 추운 겨울을 마귀의 계절이라 하여 겨울이 시작되는 10월의 마지막 날을 악령을 쫓는 축제일로 삼았던 것이 현재 원래의 의미보다는 할로윈데이와 관련된 다양한 활동을 중심으로 전해져 내려오고 있다.

마을 곳곳에서 위신을 맞이하기 위해서 모닥불을 여기저기 피우던 것이 현재 할로윈데이의 상징인 호박등(Jack-o'Lantern)이 되었다.

집집마다 음식을 준비해 그 음식으로 악령을 대접하던 전통은 아이들이 갖가지 귀신 복장을 하고 집집마다 돌아다니며 음식을 달라고 요구하는, 할로윈데이의 전통적인 놀이인 Trick-or-Treat("누군지 알아맞히지 못하면 맛있는 것 주세요."라는 의미)으로 아직까지 남아 있다.

Thanksgiving Day

서양의 추수감사절은 크리스마스와 같이 가장 큰 명절 중의 하나로 매년 11월의 넷째 목요일에 기념한다. 종교박해로 인해 신대륙으로 건너 온 개척자들은 북미에서의 생활 초기에 많은 어려움을 겪게 되었고 인디언들에게 옥수수 재배법과 야생 칠면조를 요리해 먹는 방법들을 배우고, 농사법도 교환하게 된다. 첫 수확을 올리면서 하나님께 감사드리는 의미로 축제를 올리게 되었는데 이것이 추수감사절의 전통이 되었다. 그레이비 소스(gravy source)를 얹은 칠면조와 으깬 감자요리(mashed potato) 등이 추수감사절의 대표적인 음식이며, 멀리 떨어져 사는 가족이나 친지들이 모이는 시간이 되기도 한다.

CD 차례

저자소개

이경우

이화여자대학교 대학원 석사
미국 Bryn Mawr 대학교 대학원 석사
미국 Temple 대학교 대학원 박사
전, 이화여자대학교 유아교육과 교수
현, 한국어린이미디어교육연구소(KCMRC) 소장

이인용

이화여자대학교
이화여자대학교 대학원 석사
숙명여자대학교 TESOL 수료
서울여자대학교 대학원 박사과정
전, 명지전문대 강사
현, 한국어린이미디어교육연구소(KCMRC) 컨설턴트

Craig C. Merrill

UCLA Ph. D 프로그램
UCLA MA
LA Unified School District 장학사
전, 서울대학교 교수
전, 한국사이버대학교 부속창의학교 교장
현, 수원여자대학교 교수

K. M. Dempsey

California State University BA
University of Saint Mary MA
University of New York Steinhardt 박사과정
UCLA Extension Program 개발
전, LA Unified School District K~12 교사
전, KDLP Creativity School 교장
현, 명지전문대 강사

유 · 초등 교사를 위한 교실영어
Classroom English for Teachers

초판 1쇄 발행 2010년 9월 8일
초판 3쇄 발행 2016년 7월10일

지 은 이 | 이경우 · 이인용 · Craig C. Merrill · K. M. Dempsey
펴 낸 이 | 김기섭
책임편집 | 최창숙
본문삽화 | 신지혜
펴 낸 곳 | 창지사 www.changjisa.com
153-802 서울시 금천구 가산디지털 1로 83 파트너스타워1차 9층
전화 (02) 719-2211~3
팩스 (02) 701-9386
등 록 | 1977년 4월 28일 · 제1-421호

ISBN 978-89-426-0587-3 93370

값 12,000원